U0632514

中共湖州市南浔区委宣传部
湖州市南浔区融媒体中心　编

上博浔宝录

上海书画出版社

《上博"浔"宝录》编委会

编委会主任：翟海峰

编委会副主任：施永伟　陈建伟

主　　　编：陆　剑

编　　　委：傅戎贞　戴佩佩　项天琪　高曙瑛

　　　　　　王山贤　王　瑛　王　彬

统 筹 策 划：陆　剑

特 别 鸣 谢：上海博物馆

序

中共湖州市南浔区委书记　温建飞

南浔缘河而起、因河而兴，頔塘运河横贯东西，京杭运河纵穿南北，孕育出大运河（南浔段）和桑基鱼塘系统两大世界级文化遗产。1843年上海开埠后，南浔先辈凭借"一条运河水"将家乡的生丝运至上海，由此拉开了南浔接轨上海的历史序幕。

凭借生丝贸易，一大批因缘致富的南浔丝商应运而生，在黄浦江畔留下了十六铺码头、百乐门舞厅、证券物品交易所、国际饭店等时代烙印，成就了南浔"四象八牛七十二黄金狗"的财富传奇，为上海近现代人文历史添上了浓墨重彩的一笔。

对历史最好的致敬，是书写新的历史。

跨越三个甲子，今年正值南浔接轨上海一百八十周年，也是南浔建区二十周年。随着长三角一体化发展国家战略的深入推进以及"二十分钟到上海"的即将实现，作为湖州对外开放的东大门、接轨上海的桥头堡，南浔与上海的时空距离已从水路时代、公路时代提速至高铁时代、数字化时代，迎来了与上海再续前缘的重大历史机遇。

当前，南浔正深入实施接轨上海"一号战略"，更加主动地服务上海、融入上海，加快构建与上海更高等级、更深层次、更广维度的区域协作新格局：产业对接，一批源自上海的新能源汽车核心零部件、泛半导体等重点产业项目频频落户南浔；平台对接，与上海临港集团开展全方位、高规格、务实性的战略合作，共同打造沪湖两地产业协作示范区；交通对接，与上港集团签约，聚力打造长三角地区具有重要影响力的综合智慧物流园区；公共服务对接，南浔兰生宏达深度"牵手"上海，推动优质教育教学资源共享……在区域一体化发展不断走向深入的背景下，南浔接轨大上海，更进一步进圈入局。

全面接轨上海，文化接轨是其中重要一环。南浔自古收藏编史蔚然成风，在中国近代收藏史上占有重要地位，民国六大收藏家占据三分之一，湖州四大藏书楼独占其三，庞家的古代书画、顾家的青铜器、刘家的古籍藏书、张家的金石文玩均独步天下。现今上海博物馆馆藏文物中，宋朱克柔缂丝《莲塘乳鸭图》、元赵孟頫《兰竹石图》卷、明董其昌《秋兴八景图》册、明紫檀插肩榫大画案等"宝藏"背后，都隐藏着"南浔"的印记。

这次策划推出《上博"浔"宝录》一书，以小见大，以微见著，生动呈现了上海与南浔密不可分的文化情愫和时代烙印，值得细细品读。期盼本书能得到广大读者朋友喜爱，成为大家了解沪浔文化、走进沪浔文化的一个载体。

2023年10月

目 录

上博"浔"宝记（代前言）

陆　剑

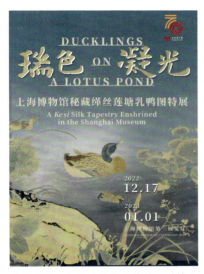

瑞色凝光：上海博物馆秘藏缂丝莲塘乳鸭图特展

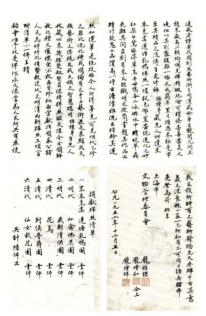

庞氏捐赠函

2022 年 12 月 17 日，作为上海博物馆建馆七十周年庆典的重磅展览，"瑞色凝光：上海博物馆秘藏缂丝莲塘乳鸭图特展"揭开神秘面纱，上海博物馆的镇馆之宝——南宋朱克柔缂丝《莲塘乳鸭图》在特展上与世人见面，迅速引起轰动。

上海博物馆的藏品不少来自社会捐赠，这幅《莲塘乳鸭图》就来自近代南浔"四象"之一庞莱臣后人（庞维谨、庞增和、庞增祥）的捐赠，时间在 1952 年 12 月，是上海博物馆最早的藏品之一，而这只是上海博物馆馆藏众多"浔宝"中的一件。

他们的捐赠证书，读之犹如一篇美文："我国刻丝艺术溯自周汉，盛于唐贞观、开元间，至赵宋徽、高二朝，炮烂光辉，精致绝伦，可谓臻尽善尽美之境。但以其刻制复杂，一幅之成，穷年累月，犹恐未能竟事，至其精品之流传，自更珍稀……自先人收藏以来，几经灾劫，坚贞保持，得无毁失。值今全国解放，此种天壤瑰宝，不敢再自珍秘，亟宜献捐国家，公诸人民……庶使我民族所特有之艺术发扬光大，垂辉千古。其意义之深长，较一家一己所私有，不可同日语矣。"

南浔与上海，一个是江南小镇，一个是国际都市，一个在黄浦江的发源地苕溪之畔，一个在黄浦江的入海口东海之滨，同饮一江水，同乘一艘船，因为地缘相近、人缘相亲、文缘相通、业缘相融，所以很早就有了关联。

近代以来，伴随着上海的开埠，南浔商人以大上海为舞台，通过生丝对外贸易迅速崛起，兴办了一大批有影响的民族工商业，门类涉及纺织、面粉、矿业、造纸、金融、盐业、航运、地产、娱乐等各个行业，金利源码头、上海证券交易所、龙章造纸厂、中华第一针织厂、美亚集团、新华电影公司、新世界游艺场、浙江铁路公司……均为南浔人投资创办（业主或大股东）。时至今日，国际饭店、百乐门、大世界、杏花楼、圆明讲堂、静安别墅等建筑仍是几代上海人的集体记忆和地标建筑。

浔商是典型的儒商，深受中国传统儒家文化的熏陶，经商时是成功的商人，发家致富之后，不少人又成了一流的艺术家、收藏家、鉴赏家。比如，顾家的青铜器、刘家的古籍、张家的金石、庞家的书画、金家的海贝、蒋家的碑帖……大多名噪一时。又如，清末民初，湖州有四大藏书楼，除陆心源的"皕宋楼"外，刘承幹的"嘉业堂"、

徐森玉

《凤墅帖》

郑振铎就征集"虚斋"藏品事宜致
徐森玉的信

张石铭的适园"六宜阁"、蒋汝藻的"密韵楼"均在南浔，这三家由于主人长期寓居上海，所以又被称为"海上三家"。再如，民国初年北方画坛领军人物金北楼（金城），不仅自己是大画家，自己的兄弟子侄（金东溪、金西厓、金陶陶、金开藩、金勤伯、王世襄等）也个个是有成就的艺术家。曾有学者梳理过我国民国时期最具影响的六大收藏家，南浔竟占了两个（庞莱臣、张葱玉），可以说是三分天下有其一，足见南浔在近代收藏史上的地位和影响。

南浔与上海博物馆的渊源很深，从上海博物馆的筹建伊始，就紧密相连。这里不得不提我国文博界的泰斗，也是中华人民共和国上海文博事业、上海博物馆的奠基人——徐森玉先生。

讲起徐森玉，大家都只知道他是享誉海内外的文博大家，却很少有人知道他是南浔人。

徐森玉（1881—1971年），名鸿宝，以字行，晚清光绪年间出生在浙江省湖州府归安县菱湖镇（今属湖州市南浔区），其母闵氏出自湖州晟舍雕版印刷世家，幼年随父母迁居江苏泰州。南浔老家的故居当地人称为徐家花园，位于现浙丝二厂厂区内，尚有假山亭榭等遗迹可寻。

徐老毕生为中华文物、古籍的保护作出了卓越贡献。他一生谦虚低调，不喜撰述，但对征集、保护珍稀文物、图书不遗余力，一生呕心沥血救下国宝级文物无数，尤其是中华人民共和国成立后，他在担任上海文管会负责人期间，先后负责筹建上海博物馆、上海图书馆，之后又担任上海博物馆馆长，凭借对善本图书及书画、古物鉴赏的精深造诣和与收藏家的良好关系，为国家收集、整理了难以计数的古玩珍宝。晋王献之《鸭头丸帖》、唐怀素《苦笋帖》、宋司马光手迹、宋苏轼文同合卷、宋赵佶《柳鸦芦雁图》、宋拓孤本《凤墅帖》《郁孤台帖》和明天启刻《萝轩变古笺谱》等，均为稀世珍品。被周总理称赞为文物鉴定界的"国宝"。

也正是中华人民共和国成立之初，南浔富商群体的艺术收藏（或作品）开始以各种形式入藏上海博物馆，比较成规模和影响力的，要数庞氏"虚斋"旧藏。

南浔庞氏祖上因经营蚕丝而发家致富，成为近代南浔巨富"四象"（四户最有钱有势的人家）之一。"富二代"庞莱臣（1864—1949年，名元济、字莱臣、号虚斋，"虚斋"也是其书斋名）雅好收藏文玩之外，尤以书画最为著称，并以成功的实业支持了他的收藏事业，成为民国时期最富盛名的收藏家，人称"收藏甲于东南"，仅其藏品目录——《虚斋名录》《虚斋名画续录》就著录历代名画近千件。

由于"虚斋"的品位和影响力，所以早在1949年之前，"虚斋"藏品已成国外各大博物馆、美术馆竞相收购的对象。1949年后，我国的文博事业百废待兴，国内的博物馆也纷纷将其列为重点征集的对象，尤其北方的故宫博物院和南方的上海博物馆、南京博物院、苏州博物馆，都点名要"虚斋"藏品，于是一场南北争购庞虚斋的"战役"上演了。

上海有地利之便，经过徐森玉等人的努力，庞莱臣的后人庞维谨、庞增和、庞增祥等先后三次向上海文管会出售文物，还无偿捐赠了五批文物，收购和捐赠的总数达数百

钱选《浮玉山居图》（庞莱臣旧藏）

李荫轩、邱辉夫妇

鲁侯尊（邱辉捐赠）

沈尹默

件之多，其中比较著名的有：《西湖图》卷，董其昌的《山水》册，任仁发的《秋水凫鹭图》卷，周臣的《长夏山林图》卷，倪瓒的《溪山图》《渔庄秋霁图》轴，张中的《吴淞春水图》，钱选的《浮玉山居图》，仇英的《柳下眠琴图》，唐寅的《古槎鸲鹆图》，文徵明的《石湖清胜图》，柯九思的《双竹图》，戴进的《仿燕文贵山水》，王冕的《墨梅图》。这次征集的数量之多、质量之高，引起了全国博物馆界瞩目。

除了"虚斋"的藏品之外，捐赠数量多又影响大的当数邱辉女士捐赠其夫李荫轩的藏品。

李荫轩（1911—1972年）是著名的青铜器收藏家，来自著名的李鸿章家族，而邱辉（1912—2012年）则是南浔人，出身于南浔富商"八牛"之一的邱氏家族。"十年浩劫"期间，李荫轩因担心一生的心血毁于一旦，所以主动打电话给上海博物馆，要求博物馆接受保护他的文物，整整装了几卡车，不久老先生即因病去世。

改革开放后，国家落实政策，这批文物又发还到李荫轩的夫人邱辉手中。1979年6月，已年近七旬的邱辉老人义无反顾地决定，将这批珍贵的文物全部捐献给上海博物馆，其中包括价值连城的小臣单觯、鲁侯尊、厚趠方鼎等百余件国之重器。除了青铜器之外，一同捐赠的还有十四箱明版书、秦汉铜镜、元代铜权、历代印玺、金表、金币、外国古董……总计二千一百七十八件珍贵文物。

这批捐赠的文物数量之多、分量之重、价值之高，在国内并不多见，可以说是改革开放以来上海博物馆接受的最重要的捐献之一。以至于时任上海博物馆馆长马承源感慨地说："这些青铜器价值之高，是不能用经济数字来衡量的！"

为国家做了贡献，国家当然也不会忘记。后来，老太太从加拿大回国定居，因住房没有着落所以又来找到博物馆，在上海博物馆反复努力争取下，老太太的住房问题终于解决。邱辉老人也安之若素，在此安度晚年，活了整整一百岁。2011年9月，上海博物馆还专门为其办了百岁寿宴，以此纪念大收藏家李荫轩与夫人邱辉对国家的重大捐献，表达对邱辉当年慷慨之举的感谢和崇敬。

此外，文博泰斗王世襄收藏的明式家具、钱币大王张叔驯收藏的古钱币、民

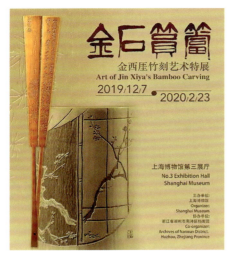

金石篆篆：金西厓竹刻艺术特展

《淳化阁帖》最善本（蒋祖诒旧藏）

上海博物馆　明清家具馆

主爱国人士沈子槎收藏的瓷器和钱币、著名竹刻艺术大师金西厓创作的竹刻作品、书画鉴定大家张葱玉收藏的书画、古籍碑帖鉴藏家蒋孟蘋与蒋谷孙父子收藏的古籍碑拓、民初北方画坛领军人物金城绘制的书画、著名书法家沈尹默创作的书法等等，或捐、或卖、或移交、或收购，最终都以各种形式归藏上海博物馆。

据不完全统计，上海博物馆馆藏文物中与南浔有关的文物总数逾万件，涉及青铜、陶瓷、玉器、书法、绘画、印章、雕塑、家具、钱币、文献、碑拓、竹刻等，几乎涵盖了上海博物馆馆藏所有门类，不仅数量多、门类广，而且质量尤为上乘。上海博物馆 2021 年推出了系列短视频节目《了不起的宝藏·探宝上海博物馆》，以"微纪录片"的形式深度讲述上海博物馆馆藏国宝的"前世今生"。第一季共二十五集，所选的文物均是国宝中的国宝，其中与南浔有关的就有六集（北宋王诜《烟江叠嶂图》、南宋朱克柔缂丝《莲塘乳鸭图》、明董其昌《秋兴八景图》、明紫檀插肩榫大画案、鲁侯尊、厚趠方鼎），占总数的四分之一，可见"浔宝"的地位和价值。

上海博物馆建馆七十年的历史，与无数捐赠人的义举与厚爱不可相分，上海博物馆几代工作者坚持以办展的方式，与世人共享受赠的瑰宝，并以此表彰和纪念捐赠人。其中与南浔直接相关的也有好几个，专题个展如 2014 年举办的"藏·天下：庞莱臣虚斋名画合璧展"（与南京博物院、故宫博物院合办）、2019 年举办"金石篆篆：金西厓竹刻艺术特展"等；综合展有 2021 年的"高山景行：上海博物馆受赠文物展"和 2022 年的"盛世芳华：上海博物馆受赠文物展""玉楮流芳：上海博物馆藏宋元古籍展"等（均有多件与南浔相关的文物），诸多南浔元素尽数呈现！

2023 年是南浔区建区二十周年，为系统展示南浔与上海、上海博物馆的深厚渊源，我们精心策划了这本画册，精选上海博物馆馆藏与南浔有关（南浔人创作、南浔人捐赠或南浔人旧藏）的八十件（套）"浔宝"，另配上相关十篇专文（含上海博物馆举办的专题展览或出版画册、图书的序言）汇编成册，试图全面反映近代南浔在文化、收藏领域的重要地位，再续南浔与上海的百年情缘。

散于私者聚于公！让文物从私人收藏空间进入到公众视域，它就从赏玩的功用中升华出来，具备了提炼记忆、凝聚品格、传承文明的意义。从这个意义上讲，捐赠人的无私精神与捐赠实践，在当代，参与了我们民族历史认知和精神品格的塑造。或许正如南浔庞氏后人在捐赠证书上说："献捐国家，公诸人民……庶使我民族所特有之艺术发扬光大，垂辉千古。意义之深长，较一家一己所私有，不可同日语矣。"

这或许正是南浔与上海在精神品格上的共通之处，海纳百川，有容乃大！

（作者系湖州市文史馆馆员、南浔区委宣传部副部长、
南浔文化研究会常务副会长）

上 编

青铜器

李荫轩（1911—1972年），字国森，号选青。邱辉（1912—2012年），近代南浔富商"八牛"之一邱氏后代，李荫轩妻。1979年，李荫轩夫人邱辉向上海博物馆捐赠青铜器、印章等两千一百七十八件，各类钱币两万九千七百七十枚，商代玉器一件。

邱辉（陆剑供图）

宁女父丁鼎

商晚期（前13—前11世纪）
高29.9厘米，口径14.5厘米
李荫轩、邱辉1979年捐赠

齐妇鬲

商晚期（前 13—前 11 世纪）
高 18.5 厘米，口径 14.1 厘米
李荫轩、邱辉 1979 年捐赠

亚盉

西周成王（前 11 世纪上半叶）
高 19.5 厘米，口径 9.9 厘米
李荫轩、邱辉 1979 年捐赠

小臣单觯

西周成王（前 11 世纪上半叶）
高 13.9 厘米，口纵 9.4 厘米，口横 11.6 厘米
李荫轩、邱辉 1979 年捐赠

厚趠方鼎

西周昭王（前 11 世纪下半叶）
高 21.3 厘米，口纵 13.3 厘米，口横 17.4 厘米
李荫轩、邱辉 1979 年捐赠

燕侯旨鼎

西周早期（前 11 世纪）
高 17.2 厘米，口径 14.0 厘米
李荫轩、邱辉 1979 年捐赠

应公鼎

西周早期（前 11 世纪）
高 18.0 厘米，口径 15.5 厘米
李荫轩、邱辉 1979 年捐赠

鲁侯尊

西周早期（前 11 世纪）
高 22.2 厘米，口径 20.7 厘米
李荫轩、邱辉 1979 年捐赠

毛公方鼎

西周中期（前 11 世纪末—前 10 世纪末）
高 22.5 厘米，口纵 15.3 厘米，口横 19.3 厘米
李荫轩、邱辉 1979 年捐赠

克钟

西周中期（前 11 世纪末—前 10 世纪末）
高 38.3 厘米，上口径 15.5 厘米，下口径 20.8 厘米
李荫轩、邱辉 1979 年捐赠

梁其簋

西周夷王或厉王（前 9 世纪）
口径 21 厘米，底 22.2 厘米，高 25.6 厘米
李荫轩、邱辉 1979 年捐赠

辛鼎

西周中期（前 11 世纪末—前 10 世纪末）
高 31.5 厘米，口径 28.5 厘米
李荫轩、邱辉 1979 年捐赠

书画

蒋汝藻（1877—1954 年），字孟𬞟，号乐庵，南浔望族蒋氏后人，上海文史馆馆员，著名收藏家、实业家，尤以古籍、碑拓收藏闻名，其"密韵楼"藏书与刘氏嘉业堂、张氏适园并称"海上三家"。

蒋汝藻（陆剑供图）

蒋璨等 睢阳五老图题跋册

宋（960—1279 年）
纵 33.2 厘米，横 17.1 厘米不等　纸本设色
蒋汝藻、蒋祖诒父子旧藏，张珩旧藏

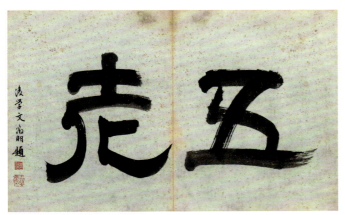

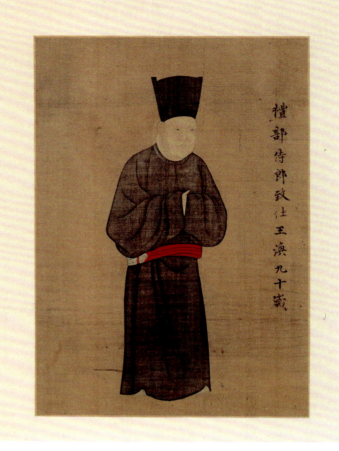

禮部侍郎致仕王渙九十歲

分曹歸政養耆年李下何由更整冠
賢相誠詩同笑傲醒君優詔許鹽
植靡眉老叟供稱壽清雪喬松豈畏
寒屋指五人齊享福鄉人須作二
踈肴

二

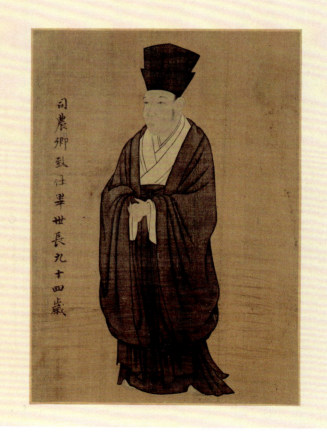

司農卿致仕畢世長九十四歲

非才最忝預高年分務由來近挂冠
敢造鉅賢論軒蹕依都府得鹽
植篤章捧和慚風雅卷侍優隆
荷歲寒儔許羨容參盛列欲憑繪
事永傳看

三

各遷朝政遇堯年鶴駿俱宜頂道冠
乍到林泉能放曠全抛簧飯當鐙
植君恩至重如天霞相坐時觀畏地
寒九老且無元老貴將西洛一
皤肩

兵部郎中致仕宋貫八十八歲

四

詔恩公務許優閒月借帽都獬髯
冠名宦尚來空攙攘丘園歸去且
盤桓醉遊春圃煙霞暖吟聽秋潭
水石寒退傅況真為隱体紅塵那
漠攀顋看

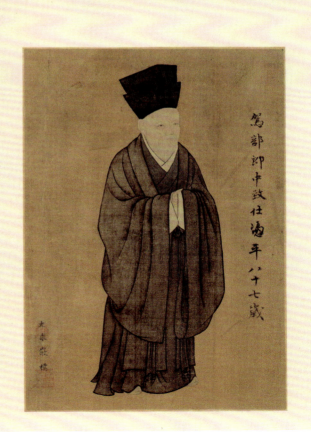

駕部郎中致仕滿平八十七歲

五

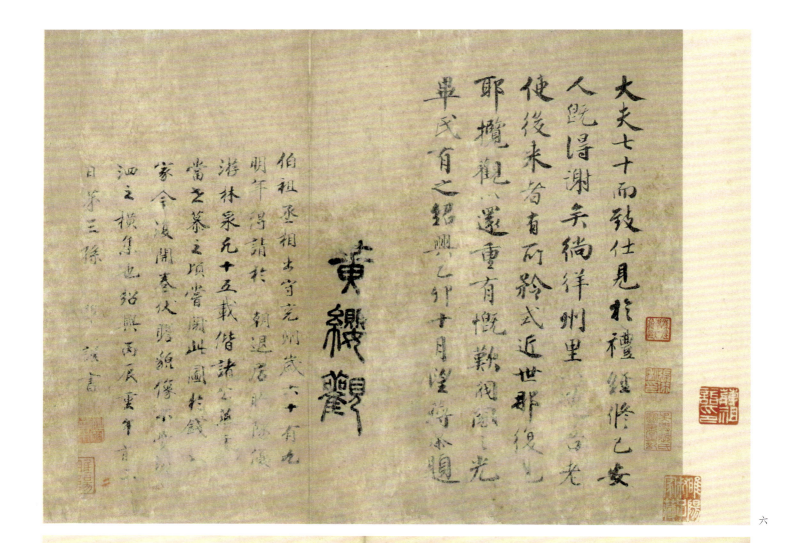

大夫七十而致仕見於禮經修乙安
人既得謝矣猶徉州里以名名老
使後來皆有所矜式近世郡邑也
耶攬觀遺像重有慨歎代顧之光
畢氏百之紹興乙卯十月望蔣璨本題

伯祖丞相出守兗州歲六十有九
明年得謝於朝退居耶陽後
游林泉元十五載偕諸公讌遊於
當之茶之頃嘗識此圖於錢氏
家今後開泰代贍猴像於巡視
泗之横集也紹興丙辰重傷有三
日茶三孫題

紹興戊辰春被
命涖具淮上蘇錢此放過行台左守
畢少董法次雅觀所謂睢陽五老
圖者先曾伯祖侍讀漢之序引此
載一時之盛考其圖中而
畢公宛為長年七其擁杖行乙
曰有大過人者至於引畢老者名
知二不知乃獨一重耳仁
賢者必有後豈虛言哉
後畢有六吳大吳越錢璘花書
謝如晦拜手

伏聞
祖宗之世既斬州四方之逢萬以文治天下寔是時
畢文閒公繼本文靖公為相兩公皆以忠厚為心
咸同寇萊公治淵之眾惟方贊諮盟羅兵以安弟
世其清淳為治如曹參於漢此故實有消德者
子之稱今台州蕭治有君子堂高公之子孫著行而
多壽考亦天之報施然歟雎陽為老之會傳天下親
其巾褐遺像脩然達人軒晃塵世功名初何有也
見得杜正獻之傾進歐陽子之賦詩則斯會也興天
增相終始矣紹興十三年小雪汝陰老民王銍謹書

奉題
睢陽五老畫象後
晋寧後學張翥再拜

審讀睢陽五老詩喜從遺
象見光儀青雲事業俱休
謝白首衣冠各旅期喬木故
家今尚在高山景行有餘孫
子秋萬古月青暗珠重仍孫
為刻碑

五老遺像儀刑徹牡觀之以人肅徘趨為
朱氏子孫而弘保之之奇事如平與諸云畋云
以承先誠元戌宗人及其孫子尚敢之誠
當歲乙丑仲義孫翥拜手拜首敬書
畢公諭示予家曾祖兵部畫像蓋睢陽五老人
戌下於知其賢明年請以餘地易歸奉祀
於始史氏家常念父母備痛不能自勝一日
去其六歲時值金兵逐掠附丹拖得渡江義

八

張翥敬觀
時民國五年四月
蔣孟蘋所藏

九

敬題睢陽五老圖用
杜正獻公原韻
五老當年盡退閒羲上盛德
見衣冠耆英豐必讓潞國圖
識何須完仲元墨粟賜人寒
流澤遠宋元畢家風
周旋祭酒承平日涕淚滄
桑忍更看
丙辰正月十三日鄭孝胥書

辛乙九月

張謇敬觀世七九見示畢觀
敬識敬橋荼陵汪鋆

深陽狄武襄書高立宵以正故明青卡陽店園及此性睢陽五老
圖舟為壓彌秘寶更張先生官江西補國九孝官事料平子
又青卜園狄裏威余與文共損妝宦審閣此四百四年令
卿南望空不置後于吳興蔣氏敬觀此冊未甚印流傳易之之近
張武延余六武年觀于吳興蔣氏故家文物流傳易之之近
未有若此者此冊已慶其藏之州廉所師矣
惟峯先生訴世珍惜道恆不冊示人不肯示州廉所師矣
等北家名賢人之加揭朱宋詩題物已合浦之珠以顧逢張將狄之
之識北為閱為狀峯到不禍王老之者此又盡宋富原景藏狄
切郎有定評
惟峯先生吳水寶之偉卷其湖帆謹識

十

李嵩 西湖图卷

南宋（1127—1279 年）
纵 27 厘米，横 80.7 厘米
纸本水墨
庞莱臣旧藏

庞莱臣（1864—1949年），名元济，字莱臣，号虚斋，近代南浔"四象"之一庞
氏第二代代表人物，著名收藏家、实业家，被誉为"20世纪全球最大的书画收藏家"，
其"虚斋"旧藏现分藏于故宫博物院、南京博物院、上海博物馆、苏州博物馆及
欧美的各大博物馆、美术馆，著有《虚斋名画录》等。

庞莱臣（陆剑供图）

钱选 浮玉山居图卷

元（1271—1368 年）
纵 29.6 厘米，横 98.7 厘米
纸本设色
庞莱臣旧藏

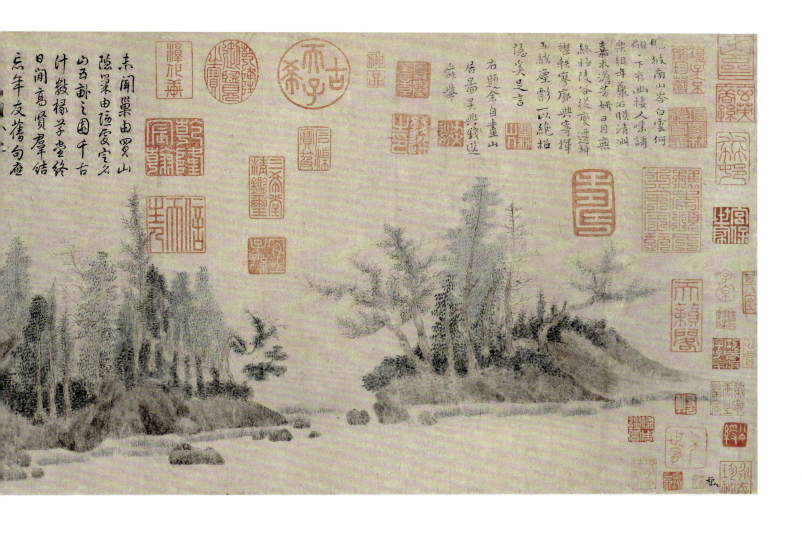

局部

赵孟頫 兰石图轴

元（1271—1368 年）
纵 44.6 厘米，横 33.5 厘米
纸本水墨
庞莱臣、金城旧藏

任仁发 秋水凫鹭图轴

约 1320 年
纵 114.3 厘米，横 57.2 厘米
绢本设色
庞莱臣旧藏

倪瓒 渔庄秋霁图轴

元至正十五年（1355 年）
纵 96.1 厘米，横 46.1 厘米
纸本水墨
庞莱臣旧藏

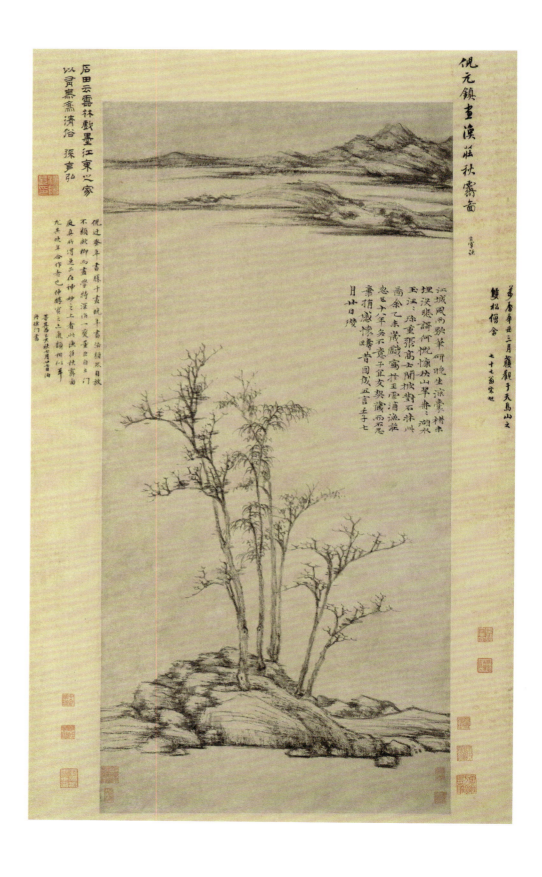

虚斋鉴定

庞元济书画印

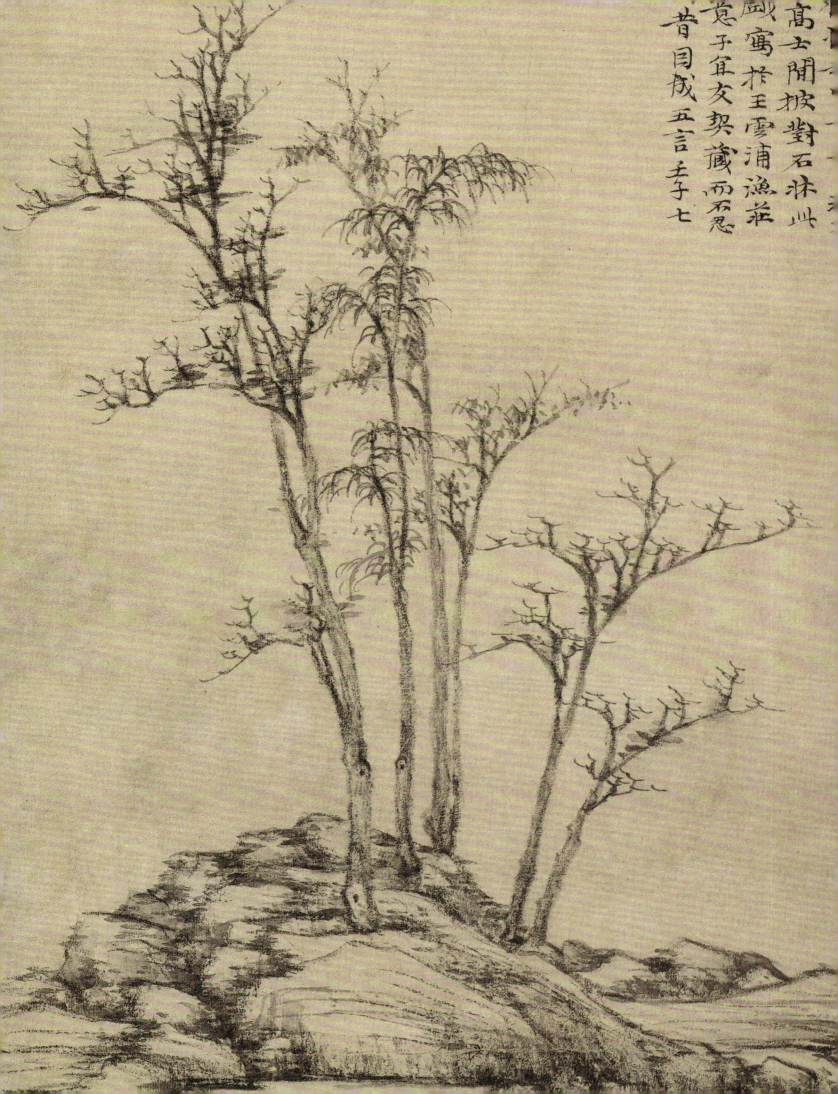

高士閑披對石床
戚窩栖於玉雪浦漁莊
莞子且友契藏而不忘
昔目成五言 壬子七

柯九思 双竹图轴

元（1271—1368 年）
纵 86 厘米，横 43.9 厘米
纸本水墨
庞莱臣旧藏

张中 吴淞春水图轴

元（1271—1368 年）
纵 64.6 厘米，横 26.6 厘米
纸本设色
庞莱臣旧藏

王蒙　丹山瀛海图卷

元（1271—1368 年）
纵 28.5 厘米，横 80 厘米
纸本设色
庞莱臣旧藏

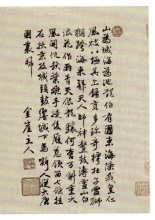

戴进 春山积翠图轴

明正统己巳（1449 年）
纵 141.3 厘米，横 53.4 厘米
绢本水墨
庞莱臣旧藏

文徵明 霜柯竹石图轴

明（1368—1644 年）
纵 76.9 厘米，横 30.7 厘米
纸本水墨
庞莱臣旧藏

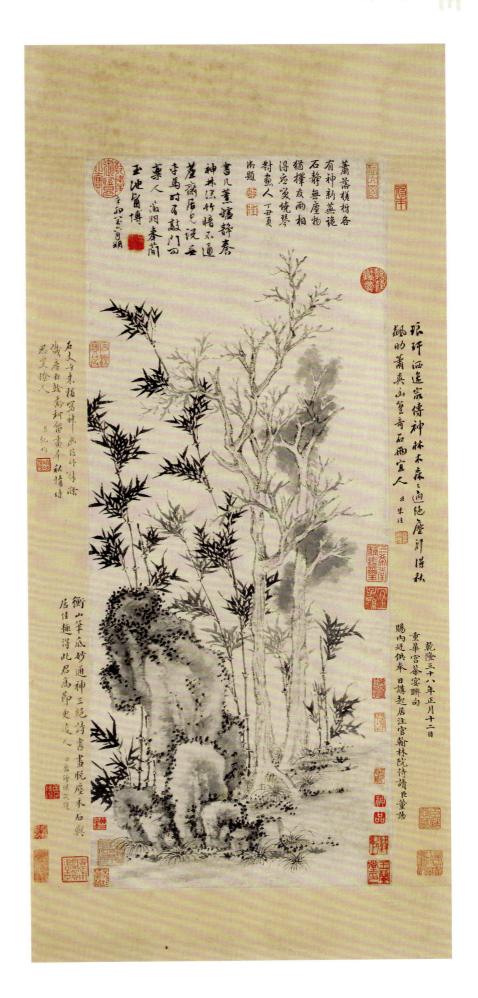

杨一清等 行书诗卷

明（1368—1644 年）
纵 24.3 厘米，横 798 厘米
纸本
张珩旧藏

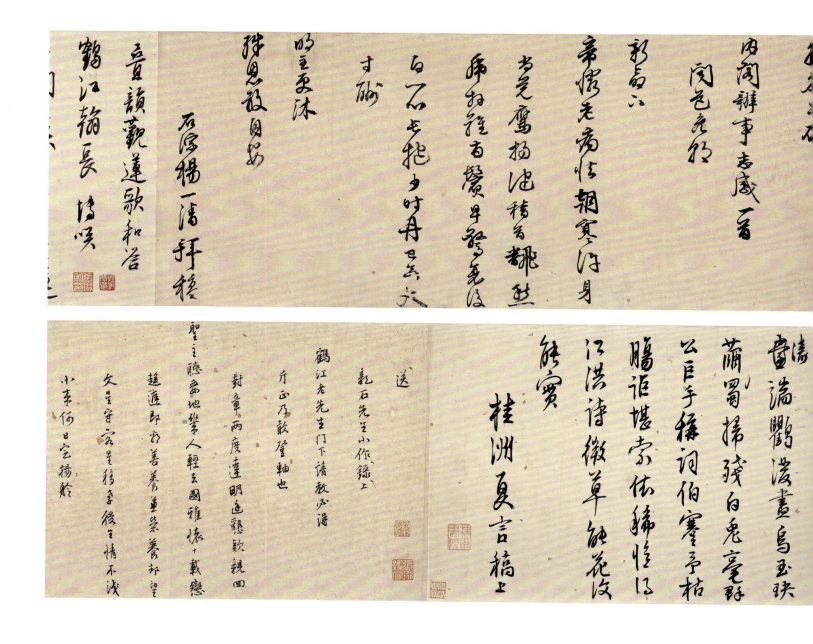

张珩（1914—1963年），字葱玉，号希逸，近代南浔"四象"之一张氏后裔，著名文物收藏鉴定专家，著有《木雁斋书画鉴藏笔记》《怎样鉴定书画》等，曾向国家历史博物馆、上海博物馆捐赠文物。

张珩（陆剑供图）

明阁卿墨
馆公翰

柘翁年伯大人　命题
上元姪張寶德

十月初十日書

翁秀臣一清拜起银雞免

宫賓詩集和韻

太守松舉重重

啟覽鷺江老先生

敦覽

右軍詞并望更蒼勁

過東府蘭清鶴百

年此會非常書会一代

元正是昴良山壽遠

休重歷曉月華長

貫然激傷新陽正採

春風長文運庭隨

國運昌

青云宫園凳營四

虚公卿芝一鶴少海

毫釐

元子聖長安白已大匠

良筆寒風物南心

上林敬

送内兄之欽州司倉二首奉

傍老遊難波白如紙

姻柰剝何聴居江頭秋月冷

分著嶺上庵雲多靈鄉活題

何人共此海圖書末者鴈迢星光

玉涯是遠別出户回首浪山河

蕓長强飲不半檻連日眉

尖到里擁兩鬢十年非奈顏

一身萬里更衡衣楓岸乃名

勞持老世粉無媒古交雜相

約抽身早禆隱木葉煙水香

言邊

焰圖出 游啟許成名樺名

鷺江老先生雨學

四月四日

言渾韻二首

玉署主筆雲小遠金勿樂

善自因依風來拂葉雲

毋小詫句眈眈月妃郢

江面掠引捲陸來池小禅

寒氏臺坐嶽轄珠弔色活

春河幼五布揮

陵鼈蓮塘傍竹峯出弘採

孫莠明涯景情玉篝淨

却許金生步之重詫折霞

簡情徐菜影輕雲扁鄒莘遠

達珠宛魚電笑燕好華遠

風撼綺綿空

屋陸詫小苑生句竈仙連

特愒浮丘伯破藥金光偃蹇

宗臣赤兒笑帝敕彩東字

經解手討那連筆寅

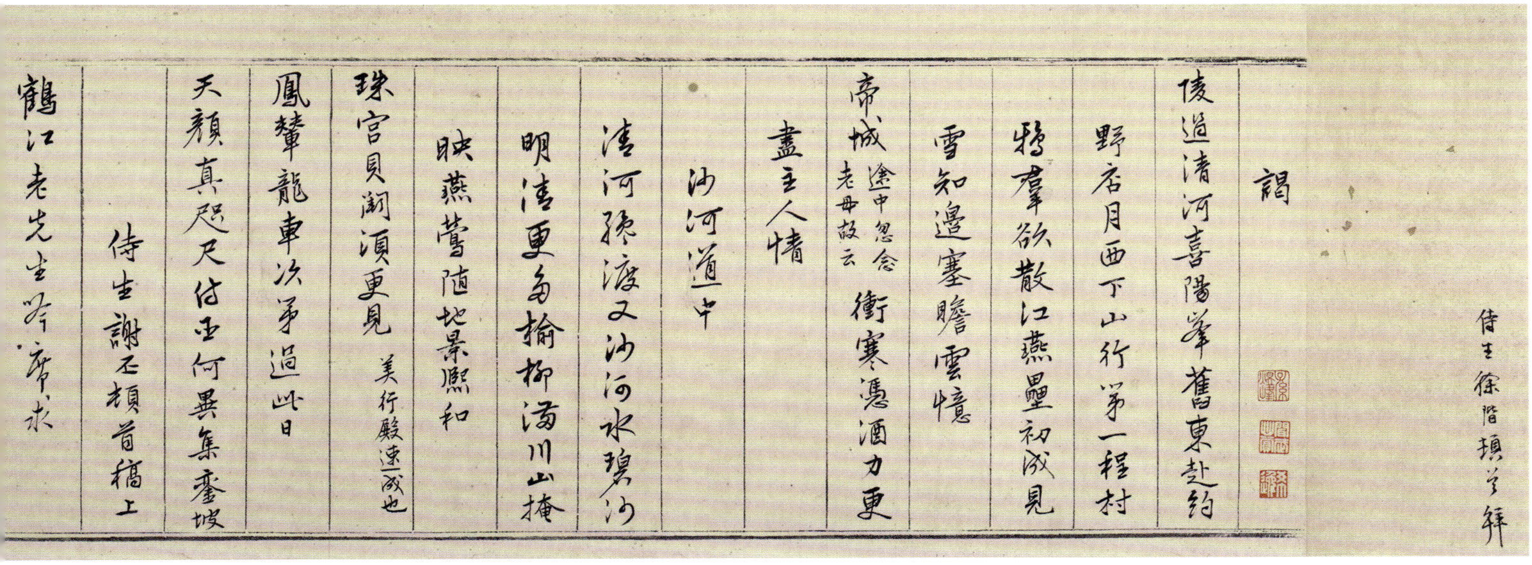

侍生徐溍填□拜

韻

陵過清河喜陽峯舊東赴約
野店月西下山行第一程村
特韋欲散江燕墨初成見
雪知邊塞瞻雲憶

帝城　途中忽念老母故云
衡寒憑酒力更
盡主人情

沙河道中

清河孫渡又沙河水碧沙
明清更多榆柳滿川山擁
映燕菅隨地景熙和

珠宮貝闕演更見　美行殿速成也
鳳輦龍車次第過此日
天顏真恐尺付玉何異集鼇坡

侍生謝石顏首稿上

鶴江老先生吟席求

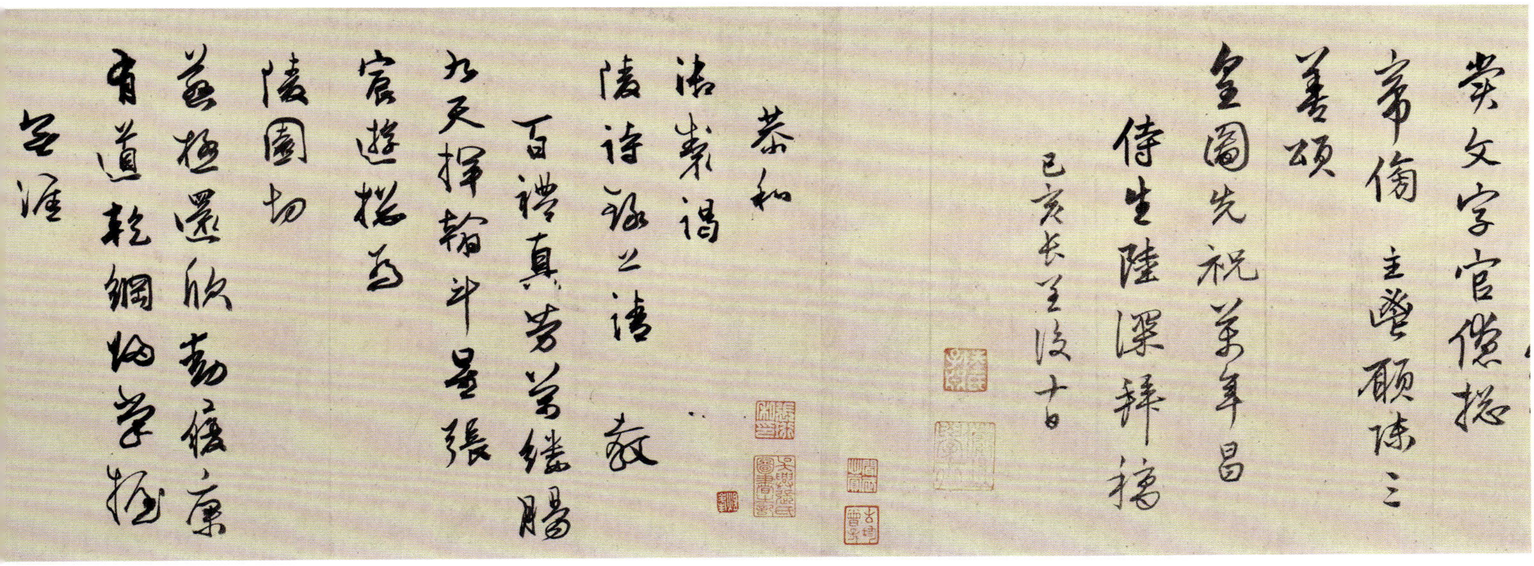

裳文字官僊掇
帝衛　主陛顧陳三
善頌
皇圖先祝萬年昌

侍生陸深拜稿

己亥長至後十日

茶和

法梁謁
陵詩殺之清　敬
百禮真芳學繽腸
九天揮翰斗墨張
宸遊松為
陵園切
鼇極還欣勤候廉
有道乾綱御學樞
宦涯

漁舟

雲山院中觀蓮影談一笑
且不足玉常之暑沕出莲郡
巍莘指子深传六丹莒子昭
京里奉寄釃琭报學弟承
東縈巷室室室長齊束之人髦霍
蓬臺中母穆珠臺註出迪

千樂萬果來龍脂圓石祿懷中
滄州洗又灼虹坡無称旋海兰
珊瑚映客林風寄背蛩兙涛
洼話根荄淁柬温紅鞏水芷江
妃上涪神觳赏逹游室且子
蓮邑陂渾馮佳人座宮鑫崖

常

郭彥檣悅嵐丰撙高遠�“骈
衣裳八妙里雲侍釘苹巴英

鶴江老先生吟伯

竹生林炙倩　敬弟稿

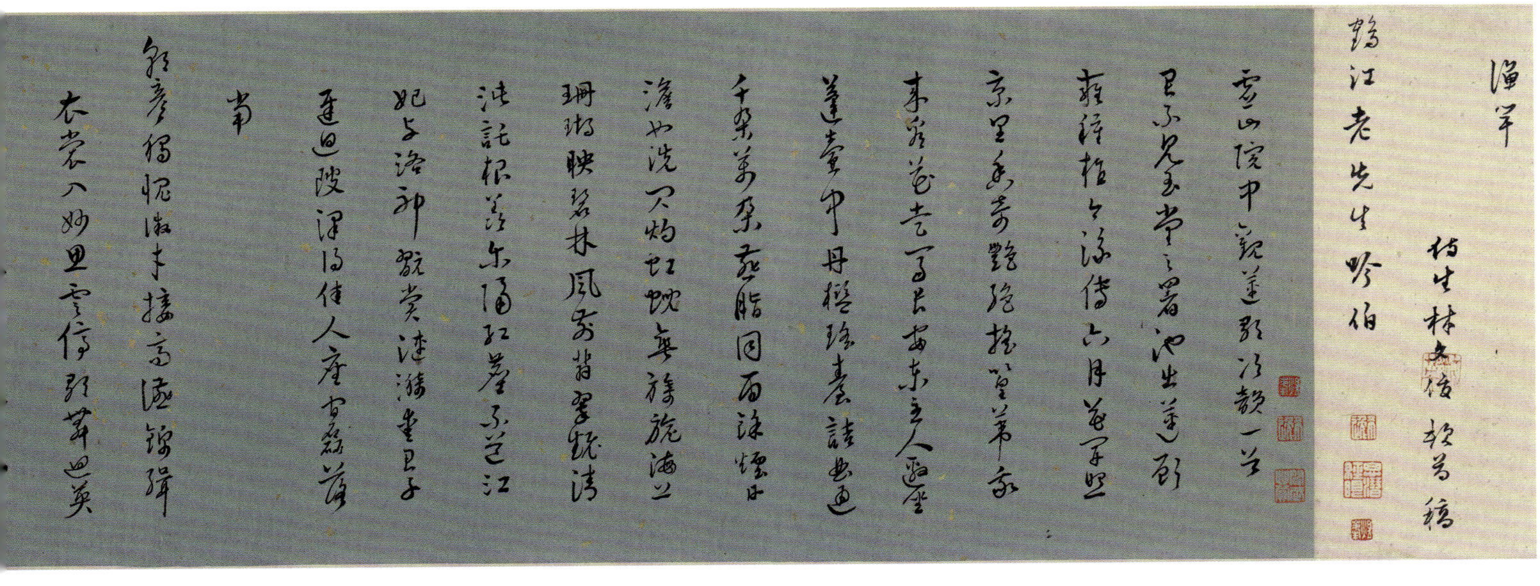

院中秋韻乃四首

長夏靈臺芳古槐瀛
湘仙侶芳徘徊綠池草
色偏盪入瑤砌花來拂
空來三島祥烟園秘省
九霄華月晴屑畫停睄
方澤聖嘉窈窕美甘泉雲
馳亭
邀一亭采映綠槐陰森居
孽慶散花梅
宣室延祠五雲長日宴
宇漢一兩光斂去棠來
飛輦六韘來
南內急瞻雲洋寫永館
高傍閣風雲嘆予來音
如搖葉搖貢繁明月
征才
傍空槐寫寄仙居偏水

一著戎衣四海清君王神毫宅
玉天生鏡歌競毫中軍曲石鼓
迴禊汲代語
人軍吳香廟署超黃石天乙
戎衣進翠雲
臯祖舊廟開部小搖盃直南堂
南京
鎮國勛開弨席文先諍已奪萬
金陵南軍大江來帝之游歌
壯皇園
空鳳臺萬里星居清海岱
江南佳說媛徐淮水佳春風
九重譚鼓淨蓬萊棐
次弟閉乙之捷書漢風六雲中
金陵逸老擂金臺錦帳小宮
車攷昔見巾興跌來寫个侍
南狩蒲萬園歌誑皇毫宅
六軍喜凱翠華旋
烟花萬園掉奎與素桂子
年罷

湘廣武昌人正往平三進士侍講學士書
司成卬坡立為馬侍郎也廖學士道卬
書毫卬坡南京國子祭酒卬禮部侍郎
士歷司業南京國子祭酒卬禮部少
馬父簡以驥字仲房德卬人正逸丁丑進
傅良成名字甲仁斯城人正往辛未進
士園子祭酒酒禮部右侍郎有龍石集林
侍御文俊莆田人正德辛未進士長御史
野坡為廖學士也又有底居布狩曲
題洞野主簑南六石書姓姓有洞庭之
不知何許人乜喜鶴江宅歎書翰疑出
一時坂樹入馬此為吳友周子木高十餘
牛前聘于淮陰市上勝贖葡荷作一
東末為工書庄收藏轆墨頗移丁未春
楠大更壽昌入詞垣木高以老友欹擤
以見貽鶴江院居极木前半又丙梓
里壯以相眠余裝池成卷弃為紫戊
申長夏余讀書來志軒壽昌詩假石
菭侍棚史子壽祺壽邜孫延福益
侍右余偏名簡末伴呈子孫永保之
道光二十八年七月十七日山陽丁晏跋

明賢翰墨一卷計十家辛巳初夏得諸海上
燕賞齋主人葟袞井識

園亭宿雨綠蔭肥書倩古白兰林詞題擬

吾鄉蔡侍郎之師詩中丏云鶴江學士

右明代翰墨一卷為鶴江翰長書鶴江為

天王南山師貌䫏百萬羽林兒

南狩曲

七月

大匠掌鶴江老先生

杏東賦二首

唐寅 牡丹图扇页

明（1368—1644 年）
庞莱臣旧藏

仇英　采菱图扇页

明（1368—1644 年）
庞莱臣旧藏

茅坤 行书陆游诗卷

明万历十年（1582 年）
纵 29.1 厘米，横 265.7 厘米
纸本

茅坤（1512—1601年），字顺甫，号鹿门，浙江归安人（今湖州市南浔区练市镇），进士，明代著名文学家、藏书家。著有《唐宋八大家文钞》等。

茅坤（陆剑供图）

董其昌 秋兴八景图册

明万历四十八年（1620 年）　各纵 53.8 厘米，横 31.7 厘米
纸本设色　庞莱臣旧藏

五　　六

七　　八

王鉴 青绿山水轴

清（1644—1911 年）
纵 175.1 厘米，横 87.7 厘米
纸本设色
庞莱臣旧藏

禹之鼎 西斋行乐图卷

清（1644—1911 年）
纵 30.1 厘米，横 161.4 厘米
纸本水墨
庞莱臣旧藏

徐森玉（1881—1971 年），名鸿宝，字森玉，浙江省湖州府归安县人（今南浔区菱湖镇），清末举人，著名目录学家、版本学家、古物鉴定家，曾任北京大学图书馆馆长、上海文管会主任、上海博物馆馆长、中央文史馆副馆长等职，曾多次向上海博物馆、上海图书馆捐献文物。

徐森玉（陆剑供图）

黄士陵 篆书八言联

清（1644—1911 年）
各纵 141.8 厘米，横 31.4 厘米
纸本
徐森玉 1964 年捐赠

沈宗骞，清乾嘉（1736—1820年）时人，字熙远，号芥舟，浙江省湖州府乌程人（今南浔区南浔镇），画家，擅长山水、人物，著有《芥舟学画编》。

沈宗骞　西园雅集图轴

清乾隆十三年（1748年）
纵81.8厘米，横93.3厘米
纸本设色

金城（1878—1926年），原名绍城，字拱北，号北楼，又号藕湖，近代南浔"八牛"之一金氏第三代代表人物，著名画家，民国初年北方画坛领军人物，著有《北楼论画》《藕庐诗草》等。

金城（陆剑供图）

金城 六时燕喜图轴

1926 年
纵 96 厘米，横 26 厘米
纸本设色

庞莲（1907—2000年），近代南浔"四象"之一庞氏后裔，庞青城之女，康有为儿媳，曾任全国政协委员、上海文史研究馆馆员。曾多次向上海、青岛、南海等地捐献文物、文献。

庞莲（陆剑供图）

徐悲鸿　康有为夫人像

近现代
纵 127.1 厘米，横 65 厘米
纸本设色
庞莲 1981 年捐赠

沈尹默 行书自述稿卷（局部）

近现代
纵 27 厘米，横 184.2 厘米
纸本

沈尹默（1883—1971年），又名君墨，字中，号秋明。祖籍浙江吴兴（今湖州市南浔区菱湖镇竹墩村），生于陕西汉阴，著名学者、诗人、书法家、教育家。曾任北平大学校长，《新青年》编委，中央文史馆副馆长。

沈尹默（陆剑供图）

自述

我是浙江省吴兴县竹墩村的人，但我出生在陕西省兴安府属之汉阴厅，一直到廿岁，才离陕西，回到故乡来，住了三年。

我的曾祖父玉池公是前清贡生，终身清苦，课徒为生，冬夏一麻席，笔耕冬食，尝手抄经籍，授子好事诵习的年岁月，见其所写小楷水雅。祖父棟字子清解之，潘览，冈凌漢的门生，生长京时，曾学潘代笔。他的诗黑双捷，江酬抓手不停，项刻成章，重法就董、香光之者必应，毫不吝惜，凌古诗宗棠到陕西，卿東中往，曾任浮市府学之学遠顾四首遠塗賞佳长之囷。凌来我父間病古诗在城份正敢事堂上。我十五岁，父祝六喜冷詠，中年喜此鈞笔一通减之。前凌逵任十年，時，已聘知書字，因命我将祖父题塗述，博不習作，書字签合欧題，但稻稻。研，为人書字，揩不释言，必改為之。节

沈迈士（1891—1986年），名祖德，别署云巢山人、宽翁，湖州菱湖镇竹墩村人（今属南浔区），当代画家，曾任湖州画院名誉院长，上海文史馆馆员。

沈迈士（陆剑供图）

沈迈士绿意红情图轴

1964年
纵 139.4 厘米，横 69.8 厘米
纸本设色

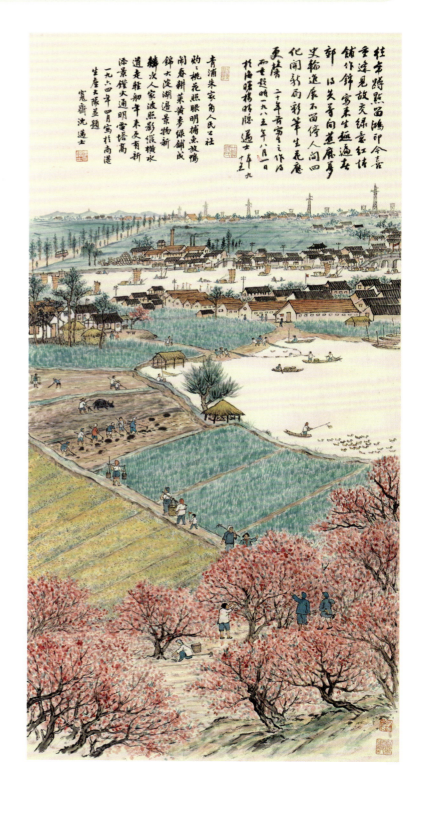

沈迈士黄山松涛图轴

1982 年
纵 95.4 厘米，横 59 厘米
纸本设色

古籍碑拓

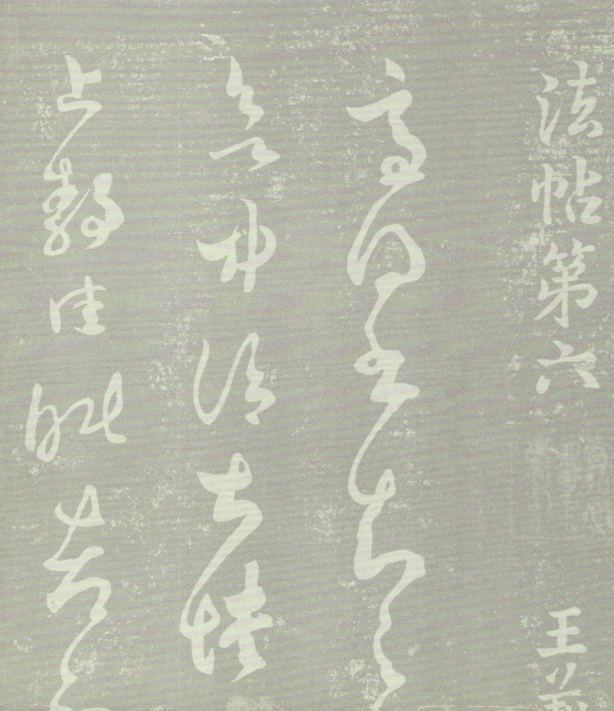

蒋祖诒（1902—1973年），字谷孙，南浔藏书世家蒋氏后人，文物鉴藏家，承其父蒋汝藻收藏精华，又曾购入《淳化阁帖》最善本等珍藏，后赴中国台湾任大学教授。

蒋祖诒（陆剑供图）

王文公文集一百卷目录二卷

（宋）王安石撰
南宋绍兴龙舒郡斋刻公文纸印本，存七十二卷
蒋祖诒旧藏

王文公文集卷第三十一

雜著　易泛論

易泛論　　　　之卦論
卦次角　　　　國風解
周南詩次解　　河圖洛書義
周泰本末論　　策問十道

易泛論

柔巽隱伏制得其道則易制者魚也困之象
也小人女子之象也貪暴而止乎高者佳也
貪竊而動乎陰者鼠也狐疑也不果也牛順

而強也羊很也羊前其剛以觸者也魪物之
在下污而微者也為飛而止則困者也雜文
明見乎外者也豹之蔚然者也虎文之炳
然者也虎豹剛健君子大人之象也虎之搏
物擬而後動動而有獲者也鶴潔白以遠舉
鳴之以時而遠聞者也鴻進退久時而有序
者也禽欲井之無擇者也猶豕之牙能畜其
剛而不可犯者也承汙穢也豚承之微者也
龜有靈德潛見以時而不忘於養者也龜人
之所恃以知吉凶者也龍天類也能見能躍

勤來共草庵

次韻葉致遠五首

知君聊占水中洲去即東浮逐聖丘憂國無
時頒問舍得坻有興即乘流由來要路當先

據誰謂窮鄉可久留他日五湖尋范蠡想能
重此駐前驅
二
吟歎君詩久掉頭知君興不負滄洲土山欲
為羊曇賭且可專心學奕秋
三
若將有限計無涯自困真同箅海沙隨順世
緣聊戲劇莫言河渚是吾家
四
庵成有興亦尋春風暖荒萊步始勻若遇好
花湏一笑豈妨迦葉杜多身
五
明時君尚富春秋豈比襄翁遠自投智略未
應施畎畝上前他日望吾丘

次韻酬朱昌叔五首

點也自殊由與求旣成春服更何憂拙於人

寒江正復槽

次韻張奉議

知君非我載醺人終日相隨免汙茵賞盡高
山見流水唱殘白雪值陽中分香積如來
鈴對見毗耶長者身誰拂定林幽處壁與君
圖寫繼吾真

次韻苔端州丁元真

莫嘆荒僻又離群且喜風謠嶺北聞銅柱錐然蠻
微揆竹符還是漢家分春書來逐衡陽鴈秋騎歸
者隴首雲相見會知南望苦病骸今似沈休文

十玉　南朝九日臺在豫章張敦

次吳氏女子韻二首　陵曲街旁去吾圈

文集五卅

只數百步

能無聚散亦逢佳節且吹花

二

孫陵西曲岸烏紗知汝淒涼正憶家人世豈
秋燈一點映籠紗好讀楞嚴莫念家能了諸
緣如蔓事世間唯有妙蓮花

生日次韻南郭子二首

救熱醫劑比無方斸簡陳編付藥房祝我壽
齡君好語毗耶一夜蒲城香

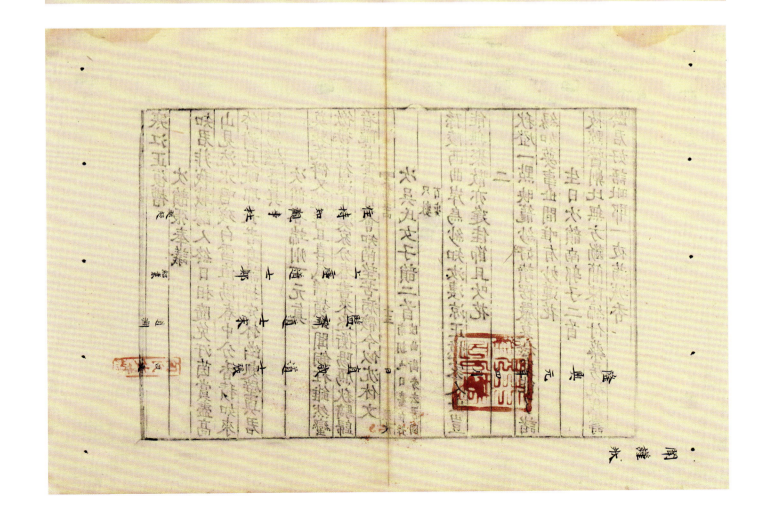

后村居士集五十卷目录二卷

（宋）刘克庄 撰
宋刻本，存二卷
蒋祖诒旧藏、沈尹默题签

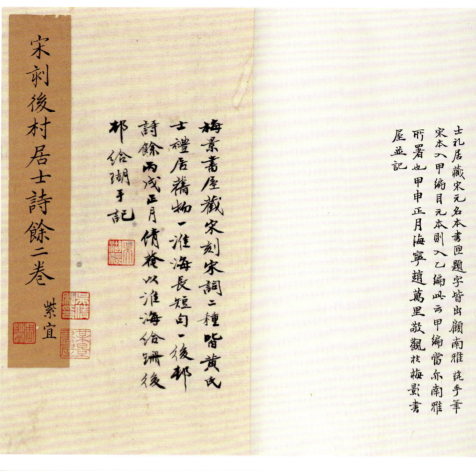

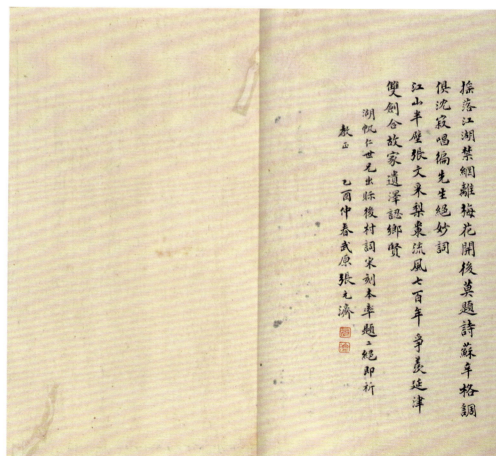

宋刻後村居士詩餘二卷

梅景書屋秘笈

尹黙

老子平生無他過被梅花受取風流罪

後村賀新郎詞尹湖帆補圖

後村居士集卷第五十

詩餘

滿江紅

金甲琱戈記當日轅門初立

濕鐵馬曉嘶營壁冷攙船夜渡風濤急

有誰憐猿臂故將軍無功緣

平戎策從軍什零落盡腰間箭匣中劍

空埃蠹竟何成

時時自擂床頭碎

歎少年心事

拾把茶經香傳時溫習客談榻塞童目教兒誦花間集

臣之壯也不如人今何及

蒲江紅歐海棠枝下作

老子年來頻自許心腸鐵石尚

一點消磨未盡愛花成

後村居士集卷第四九九

詩餘

哨遍昔坡公以盤谷序為之倅士人刻之崖石云

遍括入律惜序末也暇日游方氏龍山

勝槩可宮平奥可田泉土尤甘美深後深路絕住人稀

有人兮盤旋於此送子歸是他隱居求志是要明主媒

當出嗟此意誰論其言甚壮孔顏猶有遺言夾道武夫滿

被遇于時入則坐朝出則姬夾名妲之富貴人所欲

前才子嗟有命存焉吾非惡此而逃之而致向茂樹甚林清泉可濯谷中別有閑天

如之何幸

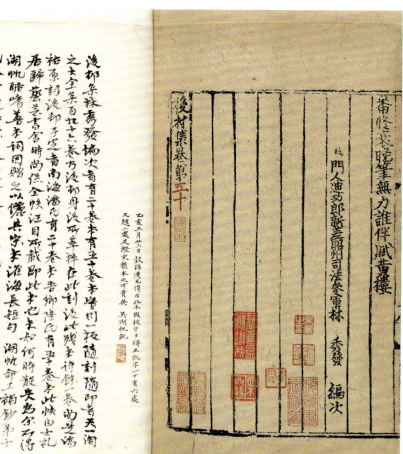

此宋刊後村詞殘本彊村翁刋行後村長短句第二卷……

後村集卷第五十

門人迪功郎新差監泉州司法參軍林秀發 編次

仪礼十七卷 仪礼图十七卷旁通图一卷

（宋）杨复 撰
元崇化余志安勤有堂刻本，存七卷
徐森玉捐赠

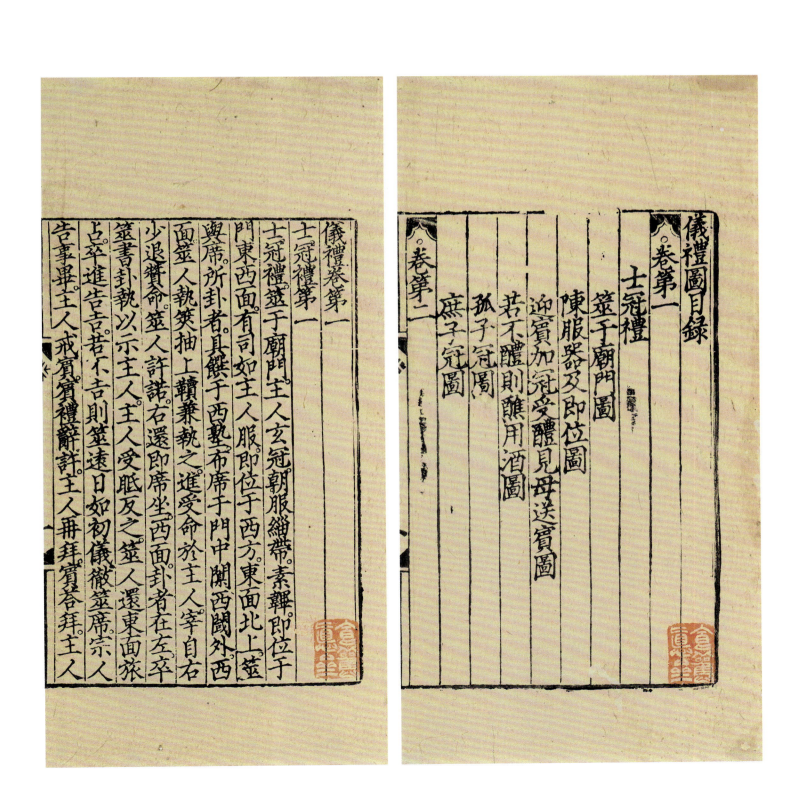

則制度名物之總要也區區用心雖未敢謂無遺

誤庶幾其或有以得　先師之心焉紹定戊子正

月望日秦溪楊復序

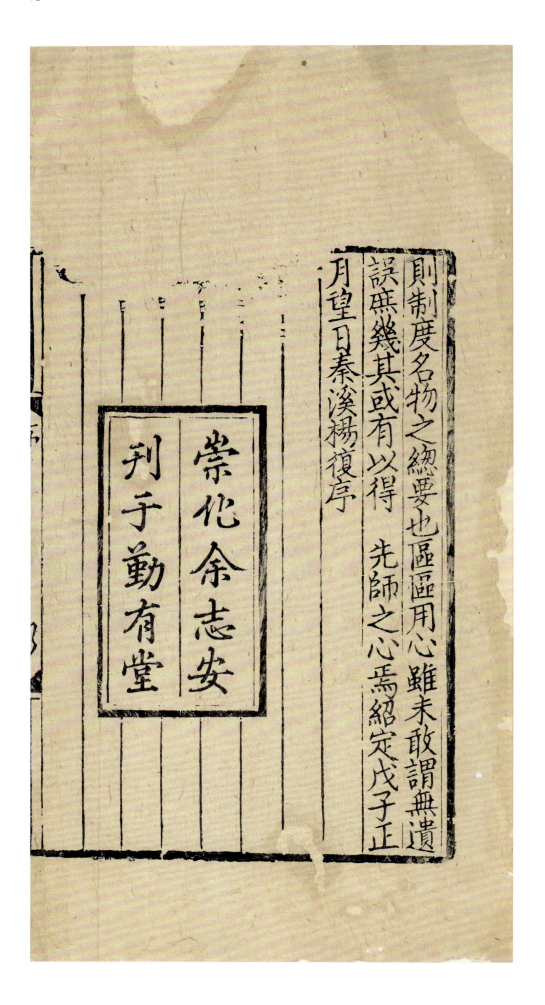

崇化余志安

刊于勤有堂

唐书二百二十五卷

（宋）欧阳修、宋祁　撰
元天历二年（1329）元刻明递修本，存四十七卷
徐森玉捐赠

天文志第二十二　　　　唐書三十二

翰林學士兼龍圖閣學士朝散大夫給事中知制誥充

史館脩撰臣歐陽　脩本　毅撰

日食武德元年十月壬申朔日有食之在氐五度
占曰諸侯專權則其應在所宿國諸侯附從則爲
王者事四年八月丙戌朔日有食之在翼四度楚分
也六年十二月壬寅朔日有食之在南斗十九度
吳分也九年十月丙辰朔日有食之在氐七度貞
觀元年閏三月癸丑朔日有食之在胃九度九月
丙戌朔日有食之在尾九度
庚戌朔日有食少在亢五度胃爲天倉元爲疏廟

黃道内四度天囷當赤道土公吏在赤道内六度
土台在柳中台在張建星在黃道北
在胃昂玉良四星在奎一星在壁外屏在畢雷電
在赤道内二度霹靂四星在赤道内一星在外八
鬼五星在壁四星在營室長垣在黃道北五度羅
堰在黃道北董道春分與赤道交於奎五度太秋
分交於軫十四度少冬至在斗十度去赤道南二
十四度夏至在井十三度去赤道北二十四度
其赤道帶天之中以分刻宿之度黃道斜運以明
日月之行乃立八節九限校二道差　著之曆經

宋史岳飞传一卷 岳忠武庙名贤诗一卷

（元）脱脱等　撰
（元）释可观等　录
元刻元明递修明印本
徐森玉捐赠

岳忠武王廟名賢詩

住山僧　可觀　錄

葉紹翁

萬古知心只老天英雄堪恨復堪憐如公更緩須臾死此虜安
骸八十年漠漠凝塵空僵月堂堂遺像在凌烟早知埋骨
西湖上學取鴟夷理釣舡

趙孟頫　子昂

岳王墳上草離離秋日荒涼石獸危南渡君臣輕社稷中原
父老望旌旗英雄已死嗟何及天下中分遂不支莫向西湖歌
此曲水光山色不勝悲

金華　胡月山　雪江子

老木如龍護古墳當時人傑獨思君誰平此塞百年恨閒却西
湖一片雲荷沉水鄉秋氣冷竹侵簹影夕陽分韓彭底事良

列傳卷第一百二十四　宋史三百六十五

開府儀同三司上柱國韓國公軍前□中書右丞相臨瀚　國史領　經筵事都總裁臣脫脫等奉

敕修

岳飛　子雲

岳飛字鵬舉相州湯陰人世力農父和能節食以濟飢者
有耕侵其地割而與之貸其財者不責償飛生時有大禽
若鵠飛鳴室上因以為名未彌月河決內黃水暴至母姚
抱飛坐甕中衝濤及岸得免人異之少負氣節沈厚寡言
家貧力學尤好左氏春秋孫吳兵法生有神力未冠挽弓
三百斤弩八石學射於周同盡其術能左右射同死朔望

淳化阁帖十卷

（宋）王著 摹
北宋淳化三年（992）刻版，宋拓本，存四卷
蒋祖诒旧藏

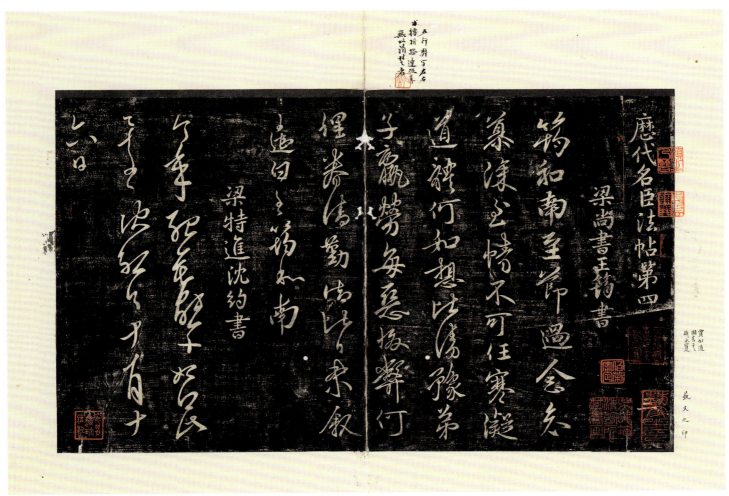

76

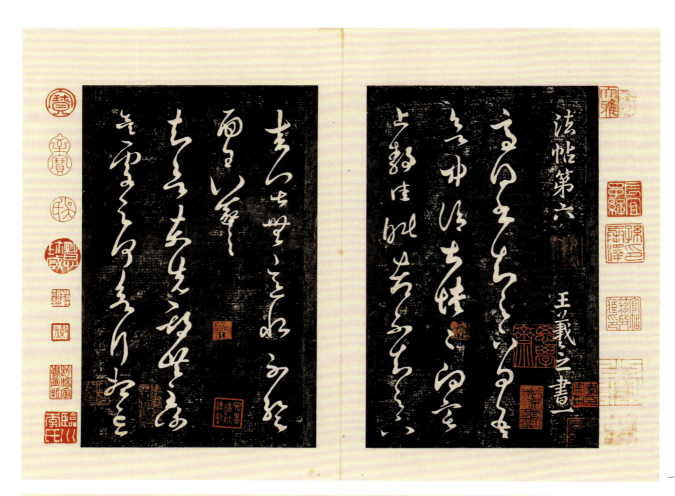

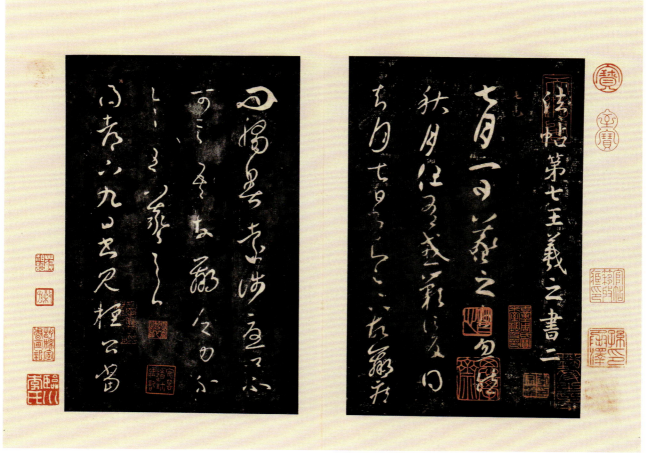

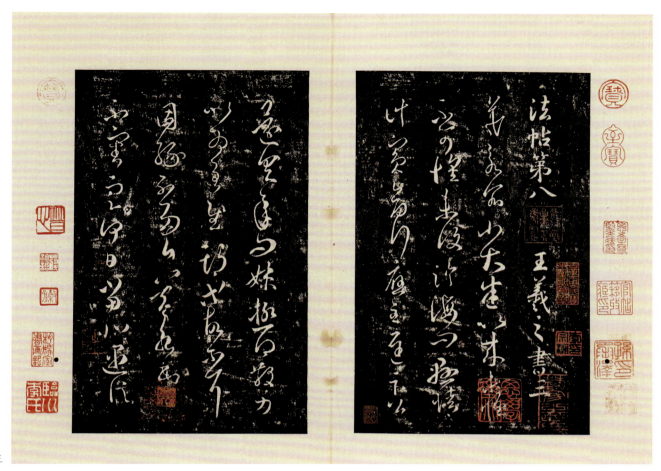

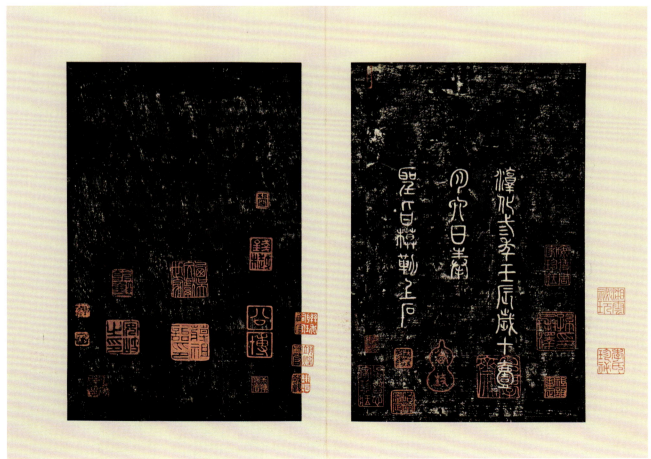

雁塔圣教序拓本

明（1368—1644 年）
各高 33.2 厘米，宽 18 厘米
帖芯各高 25.4 厘米，宽 13.3 厘米
徐森玉 1965 年捐赠

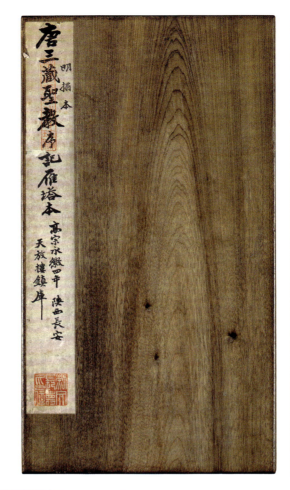
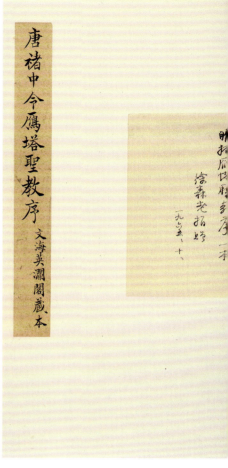
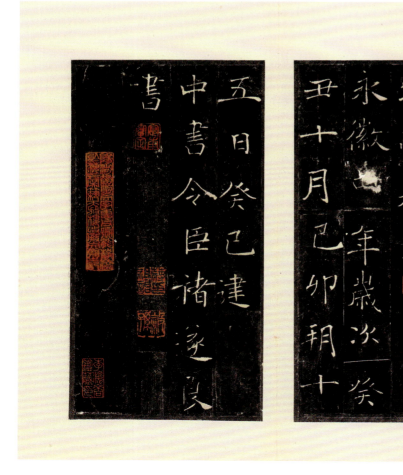
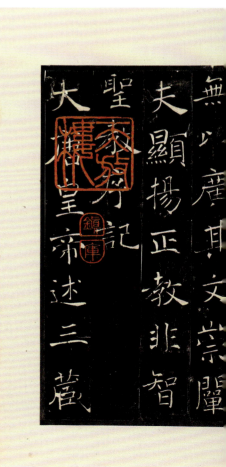

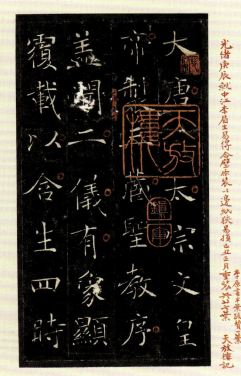

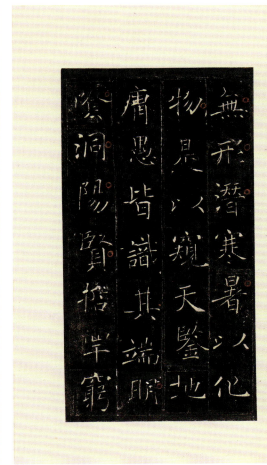

大唐太宗文皇
帝制□□□蔵聖教序
蓋聞二儀有象顯
覆載以含生四時

無形潛寒暑以化
物是以窺天鑒地
庸愚皆識其端明
陰陽賢哲罕窮

光緒庚辰就中江本居生易得令璧原裝以邊紙狹易損出五月重裝共六葉　李原書半葉跋贊葉　天放樓記

綜括
經之軌□□
者諸法之玄宗眾
其百蓋真如聖教
教言非賢莫能定

一鴈塔聖教以雨治字之增畫定明搨之遲
早以定字拓搨定
閣車聘贍搨序易為至精治字巳搨定字粗
未搨叙涛去京一本未敢為明搨並論也如
命加卯書年月耒上新搨墨精甚嘉之
石谷西册敝蔵兩册俱精一紙一緒誌先將
二石谷□□□□渡於勾示人郡倍不尔他人

唐褚中令鴈塔聖教序記書簡　同治庚午十日　瀨民

东汉史晨前后碑拓本

明（1368—1644 年）
各纵 30.5 厘米，横 17.4 厘米
蒋祖诒旧藏

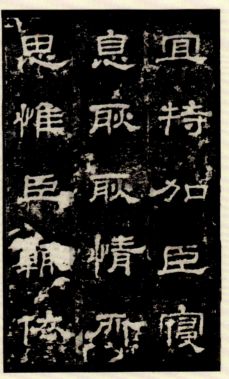

三国吴天发神谶碑拓本

明（1368—1644年）
各纵43.4厘米，横27厘米
蒋祖诒旧藏

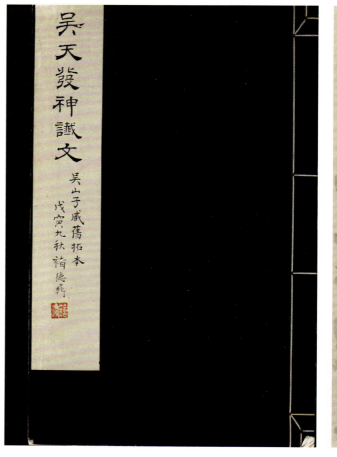

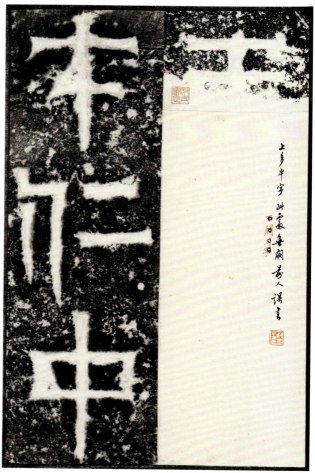

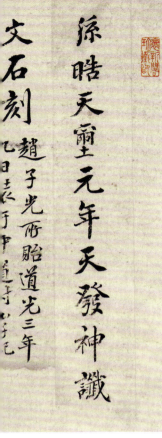

源晧天爾三元年天發神讖

文石刻

趙子光所贈道光三年

乙日晨于甲□字□于元

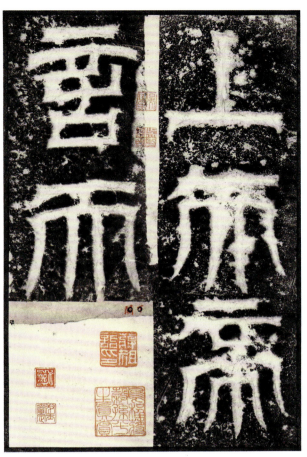

拓唐万年宫碑册

明（1368—1644 年）
各纵 32.3 厘米，横 16.9 厘米
蒋祖诒旧藏

唐萬年宮銘　　　　唐□宮銘
明拓本丁丑重裝　　高宗御書
　　　　　　　　　倪氏珍藏

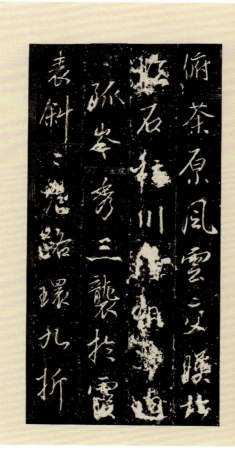
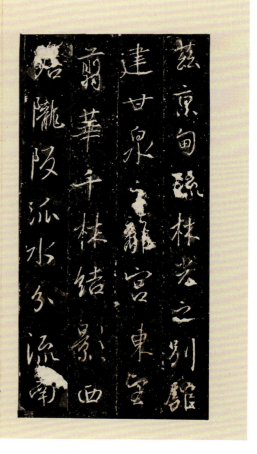

张增熙（1875—1922 年），字弁群，号槎（查）客，近代南浔富商"四象"之一张氏后代，张静江长兄，收藏家，曾在南浔创办正蒙学社、浔溪女校等。

张增熙（陆剑供图）

拓唐伊阙佛龛碑册

明（1368—1644 年）
各纵 33 厘米，横 18.5 厘米
张增熙旧藏

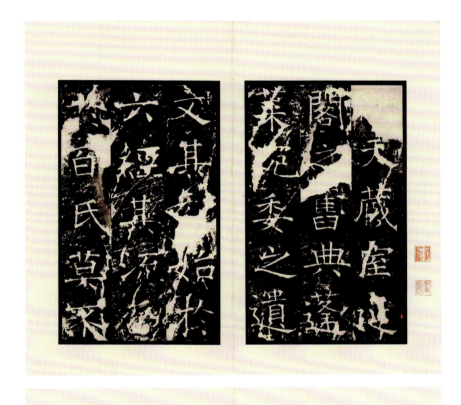

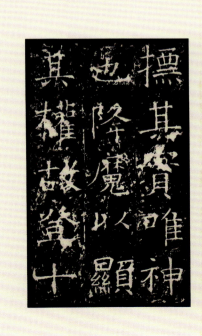

金允臧（1923—2022 年），名开谋，近代南浔富商"八牛"之一金氏后裔，毕业于上海圣约翰大学，其父为著名竹刻家金西厓，曾多次向上海博物馆捐赠印章、拓本、竹刻等文物。

金允臧（陆剑供图）

金西厓刻竹拓本（两函十二册）

20 世纪
每函纵 47 厘米，横 17.5 厘米，厚 7.7 厘米
金允臧捐赠

第一册题签与扉页　　第四册题签与扉页　　第五册题签与扉页　　第十一册题签与扉页

88

竹木牙角

金西厓（1890—1979 年），名绍坊，字季言，号西厓，上海文史馆馆员。近代南浔"八牛"之一金氏后人，被誉为"20 世纪最杰出的竹刻家"，著有《竹刻小言》。上海博物馆为金西厓作品主要收藏地，2019 年至 2020 年上海博物馆曾为其举办"金石篆笃：金西厓竹刻艺术特展"。

金西厓（陆剑供图）

金西厓　木雕果蔬象生一套（19 件）

20 世纪上半叶
尺寸不等

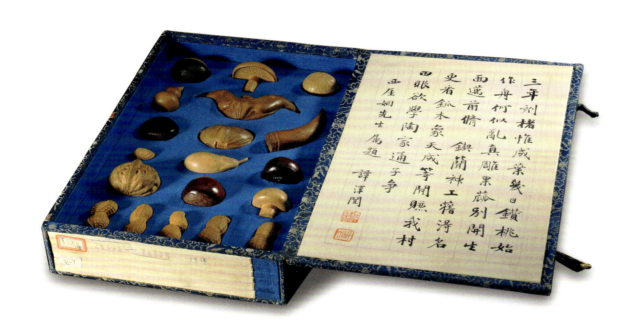

24375

24387

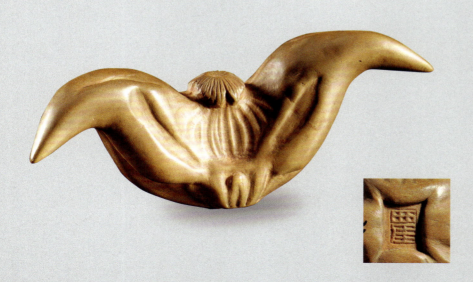

金西厓 留青阳文张大千山水又行书竹扇骨

1946 年
长 33.2 厘米

金西厓 阴文吴昌硕行书竹扇骨

1926 年
长 33 厘米

金西厓 阴文张大千画山水并溥儒行书竹扇骨

1945 年
长 31.8 厘米

金西厓 留青阳文陈摩画花鸟竹扇骨

1929 年

长 33.3 厘米

金西厓 留青阳文金城画饯春图竹臂搁

1924 年

长 30.2 厘米，宽 8.3 厘米

金西厓 留青阳文金城画百合花竹臂搁

1925 年

长 28.5 厘米，宽 8.4 厘米

金西厓 1959 年捐赠

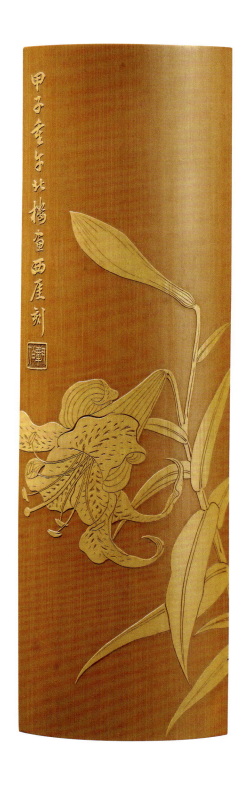

金西厓 留青阳文金城画紫藤佛手竹臂搁

1941 年
长 29.5 厘米，宽 8.1 厘米

金西厓 留青阴阳文金城画梅窗图竹笔筒

1923 年
高 11.8 厘米，口径 7.8 厘米

金西厓 留青阳文临金城画菌菇图竹杖

1959 年
长 103 厘米

己亥五月
西厓製
时年七十

西厓刻

庞维谨（1910—1970年），即庞秉礼，庞莱臣嗣子（庞青城子）；庞增和（1933—1995年），庞莱臣长孙；庞增祥（1934—至今），庞莱臣次孙。三人均为近代南浔"四象"之一庞氏后裔。1949年后，多次向上海博物馆、南京博物院、苏州博物馆等处捐赠珍贵文物，其中仅庞增和就曾向江苏方面捐赠古代书画二百余件（套）。

庞维谨（陆剑供图）

朱克柔 缂丝莲塘乳鸭图

南宋（1127—1279年）
画心纵107.5厘米，横108.8厘米
庞维谨、庞增和、庞增祥1952年捐赠

庞氏家族关于南宋朱克柔《莲塘乳鸭图》等缂丝品自愿捐赠函

運啟者謹查我國刻絲藝術溯目周漢戚於唐貞觀開元間至趙宋嶶高二朝焜爛光輝精緻絕倫可謂臻盡善盡美之境但以其刻製複雜一幅之成窮年累月猶恐未能竟事至其精品之流傳自更珍稀 維謹等藏先人所遺宋朱克柔蓮塘乳鴨緙絲一幀設色佈置畫絕造化之妙紅渠白鷺綠萍翠鳥子母鴨各二泳游水中蜻蜓草蟲夾雜其間並刻有朱氏欵識明文從簡賌題其作品云精巧疑鬼工品價高一時古澹清雅洗去脂粉矜其運

絲如運筆是絕技非今人所得夢見可見明代已珍之若此況此種我國獨有之手工藝術最足表顯我民族藝術之傳統及我民族之智慧聰明 維謹等目先人收藏以來幾經災刼堅貞保持得無毀失債今全國解放此種天壤瓌寶不敢再自珍祕亟宜獻捐國家公諸人民為時將此幀曁近代之明清兩朝緙絲五幀(另附清單)一併呈請鈞會准于收受俾作永久保管為人民所共有庶使

我民族所特有之藝術發揚光大垂輝千古其意義之深長較一家一已所私有不可同日語矣諸希亮詧為荷 此呈

上海市
文物管理委員會

龐維謹
龐增和
全上
龐增祥

公元一九五二年十二月五日

捐獻緙絲清單

一、宋朱克柔　蓮塘乳鴨圖　壹件
二、明代　仙禽佛果圖　壹件
三、明代　歲朝清供圖　壹件
四、清代　花鳥　壹件
五、清代　封侯晉爵圖　壹件
六、清代　仙女載花圖　壹件

共計陸件正

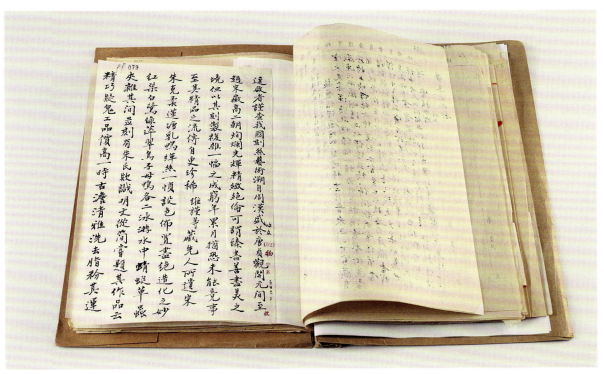

夹杂其间，显刻有朱氏款识。明文从简尝题其作品云

红藻、白鹭、绿萍、翠鸟、子母鸭各二，泳游水中，蜻蜓草虫

朱克柔莲塘乳鸭绲丝一帧，设色布置，尽绝造化之妙。

至其精品之流传，自更珍稀。维谨等藏先人师遗宋

境。但以其刻制复杂，一幅之成，穷年累月，犹恐未能竟事，

赵宋徽、高二朝，炯烂光辉，精致绝伦，可谓臻尽善尽美之

迳启者谨查我国刻丝艺术溯自周汉盛于唐贞观开元间至

精巧疑鬼工，品价高一时，古澹清雅，洗去脂粉，其运

1952 年庞维谨、庞增和、庞增祥捐赠《莲塘乳鸭图》等
绲丝文物档案卷宗

释文：

　　径启者：谨查我国刻丝艺术溯自周汉，盛于唐贞观、开元间，至赵宋徽、高二朝，炯烂光辉，精致绝伦，可谓臻尽善尽美之境。但以其刻制复杂，一幅之成，穷年累月，犹恐未能竟事，至其精品之流传，自更珍稀。维谨等藏先人所遗宋朱克柔《莲塘乳鸭》绲丝一帧，设色布置，尽绝造化之妙。红藻、白鹭、绿萍、翠鸟、子母鸭各二，泳游水中，蜻蜓草虫夹杂其间，并刻有朱氏款识。明文从简尝题其作品云："精巧疑鬼工，品价高一时。古澹清雅，洗去脂粉。其运丝如运笔，是绝技非今人所得梦见。"可见明代已珍之若此。况此种我国独有之手工艺术，最足表显我民族艺术之传统，及我民族之智慧聪明。维谨等自先人收藏以来，几经灾劫，坚贞保持，得无毁失。值今全国解放，此种天壤瑰宝，不敢再自珍秘，亟宜献捐国家，公诸人民。为特将此帧，暨较近代之明清两朝绲丝五帧（另附清单）一并呈请钧会准予收受，俾作永久保管，为人民所共有。庶使我民族所特有之艺术发扬光大，垂辉千古。其意义之深长，较一家一己所私有，不可同日语矣。诸希亮察为荷。此呈上海市文物管理委员会。

　　　　　　　　　　　　　　　　　　庞维谨　庞增和　庞增祥　仝上

　　　　　　　　　　　　　　　　　　公元一九五二年十二月五日

捐献绲丝清单：

一、宋朱克柔《莲塘乳鸭图》壹件；

二、明代《仙禽佛果图》壹件；

三、明代《岁朝清供图》壹件；

四、清代《花鸟》壹件；

五、清代《封侯晋爵图》壹件；

六、清代《仙女载花图》壹件。

共计陆件正。

缂丝佛手花鸟图

明（1368—1644 年）
画心纵 160.1 厘米，横 88.3 厘米
庞维谨、庞增和、庞增祥 1952 年捐赠

王世襄（1914—2009年），字畅安，祖籍福州，生于北京。母金章为近代南浔"八牛"之一金氏后裔，幼年曾随母在南浔居住。文博泰斗，著名收藏家、鉴定家，著有《明式家具研究》《竹刻艺术》《锦灰堆》等。现上海博物馆明清家具馆展品多数为王世襄旧藏。

王世襄（陆剑供图）

黄花梨四出头官帽椅

明（1368—1644年）
座面长 58.5 厘米，宽 47.0 厘米，通高 119.5 厘米
王世襄旧藏

紫檀插肩榫大画案

明（1368—1644 年）
长 192.8 厘米，宽 102.5 厘米，高 83 厘米
王世襄旧藏

黄花梨小座屏风

明（1368—1644 年）
长 73.5 厘米，宽 39.5 厘米，高 70.5 厘米
王世襄旧藏

陶瓷

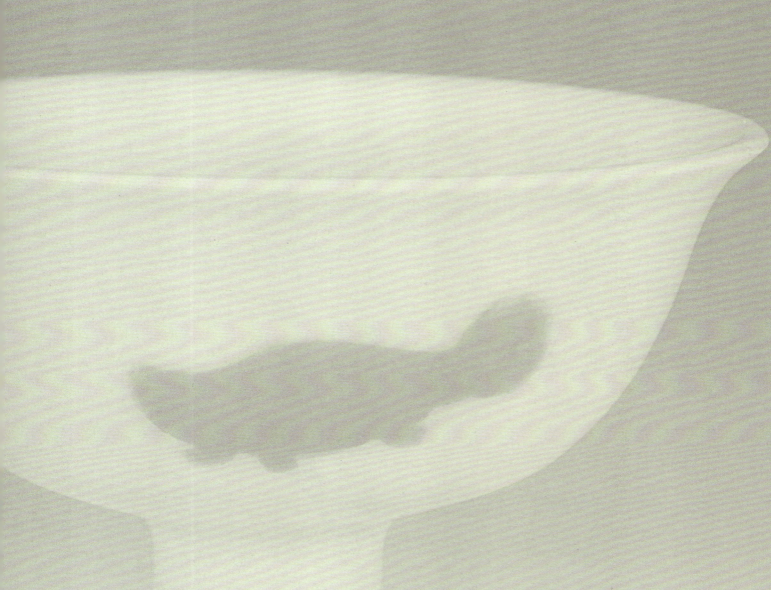

沈子槎（1881—1969 年），浙江吴兴人（今南浔区双林镇），收藏家、爱国民主人士，曾任全国人大代表、政协委员、民主建国会中央常委。曾先后将古钱币、陶器等文物捐赠给中国历史博物馆、上海博物馆、浙江省文管会、南京博物院等地。

沈子槎（陆剑供图）

青釉褐斑鸡首壶

东晋（317—420 年）
高 11.8 厘米，口径 5.5 厘米，底径 5.4 厘米，腹径 10.3 厘米
沈子槎捐赠

釉里红三鱼纹高足碗（杯）

明宣德年间（1426—1435 年）
高 8.8 厘米，口径 9.9 厘米，足径 4.5 厘米
金城旧藏

玉器

玉鱼

商（前16—前11世纪）
长 8.3 厘米，宽 1.8 厘米
李荫轩、邱辉 1979 年捐赠

谷纹玉璧

汉（前 206—220 年）
外径 15.4 厘米，内径 5.6 厘米
李荫轩、邱辉 1979 年捐赠

刘承幹（1882—1963年），字贞一，号翰怡，求恕居士，近代南浔"四象"之首刘氏第三代代表人物，著名藏书家、刻书家，曾倾心聚书六十万卷、二十万册，并建造了驰名中外的嘉业堂藏书楼。

刘承幹（陆剑供图）

靡婴买地玉券

东汉（25—220年）
长 7.3 厘米，宽 4.6 厘米
刘承幹旧藏

龙穿牡丹纹玉炉顶

元（1271—1368 年）
宽 5.9 厘米，高 5 厘米
李荫轩、邱辉 1979 年捐赠

印章

"总统伊犁等处将军之印"银印

清（1644—1911 年）
长 10.5 厘米，宽 10.5 厘米，高 8.9 厘米
李荫轩、邱辉 1979 年捐赠

胡钁　"吴兴庞元澂青城之印"石章

近现代
长 2 厘米，宽 2 厘米，高 4.2 厘米
庞青城旧藏

赵叔孺　"虚斋鉴定"石章

近现代
长 1.6 厘米，宽 1.7 厘米，高 5.45 厘米
庞莱臣旧藏

金城 "惟庚寅吾以降"石章

1919 年
长 2.3 厘米，宽 2.3 厘米，高 3.74 厘米
金允臧捐赠

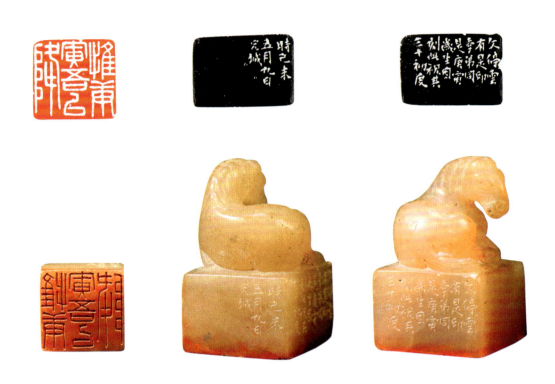

金城 "季言又字西崖"紫砂章

20 世纪初
长 2.8 厘米，宽 2.8 厘米，高 2 厘米
金允臧捐赠

金西厓　"金渊如印"石章

20 世纪上半叶
长 2.1 厘米，宽 2.1 厘米，高 6.3 厘米
金允臧捐赠

金西厓　"锲不舍斋"石章

1945 年
长 3.94 厘米，宽 2.3 厘米，高 2.05 厘米
金允臧捐赠

箕形虢石砚

唐（618—907 年）
长 18.9 厘米，面宽 9—13 厘米，高 4 厘米
徐森玉 1950 年捐赠

李世延母冯氏等造像

唐永徽六年（655 年）
宽 82 厘米，高 96 厘米
张珩 1950 年捐赠

高昌吉利

唐（618—907 年）

直径 2.7 厘米

李荫轩、邱辉 1979 年捐赠

下编

《李荫轩所藏中国青铜器》序言

马承源

合肥李荫轩先生，寓居沪上，名其庐曰选青草堂，读经史之余，以搜集商周彝器为乐事，自奉甚俭，若遇先秦金文，则雅好而不惜一掷千金。20 世纪 40 年代后期以降，愙斋及两罍轩等大家所藏的两周青铜礼器，颇有散失。造型精美适奇的往往自古玩肆流诸海外，先生痛感民族精萃的沦丧，乃尽个人之责，不遗余力搜集珍藏，以保留文物精华于中国。

综观荫轩先生所藏青铜器，承乾嘉以来金石学家研究之轨迹，以有金文为重，以有著录者为重，故本集之器大都为流传有绪之名器。少数当初有未经著录的，而内容重要的如繁卣、罙生盨等，即是其例。由此，可见荫轩先生鉴别之精当。

20 世纪 60 年代初，荫轩先生以其所藏的一部分，慷慨支援上海博物馆陈列展览，我以此而得结识先生，经常相与讨论古器物，甚为欢欣。先生嗜古物成癖，日读古籍，考订彝器，有所著述，则立说极为谨慎，不轻以示人。他的手稿未及整理，可惜已荡然无存。先生去世前，将其平生所藏归于上海博物馆，为国家所有。本集所收录的商周青铜器，为其生平所积蓄之重要者，印行于世，昭示先生酷爱中华文物的精神，随彝器永远长留于人间。

看到荫轩先生所藏的青铜礼器，引起了我的追忆，他谦逊朴实的形象，仍然深深地留在人们的印象中。夫人邱辉和公子李尔白先生，有意将其生平所收藏过的精品，编印成图集，以昭示这位有功绩于国家文化而鲜为人知的学者，是我所极其赞成的，因撰短文于上，借以对他的纪念。这本图集的编著者陈佩芬女士，主持上海博物馆青铜部工作，也是荫轩先生及其夫人的熟知。

1987 年 5 月 20 日

（注：作者时任上海博物馆馆长）

"藏·天下：庞莱臣虚斋名画合璧展"序言

陈燮君

清末民初，相对集中于内府的古书画鉴藏格局逐渐被打破，清宫古物开始大量流入民间。江南地区尤其是上海，自通商开埠成为江南商业经济文化中心后，穿梭往来于此地的古书画，规模可谓空前。而沪上藏家群体崛起，上海成为海内外书画鉴藏重镇，也正是天时地利的结果。

有"全世界最富盛名"之誉的虚斋庞莱臣，借其经济实力之雄厚、审美眼光之独到，一举成为海上最大藏家。"虚斋"所藏，素以系统性与代表性享誉海内外。不仅涵盖唐宋元明清美术史上各阶段的主要画派与作者，且多以作者传世的代表作与精品为主。同时，庞氏旧藏，更是现今海内外各大公私收藏机构的重要藏品来源，比如故宫博物院的黄公望《快雪时晴图》卷、赵孟頫《秀石疏林图》卷，辽宁省博物馆的杨微《二骏图》卷，上海博物馆的董源《夏山图》卷。美国弗利尔美术馆的龚开《中山出游图》卷等虚斋旧物，无一不是画史之赫赫巨迹。

值庞莱臣先生诞辰一百五十周年之际，南京博物院联合上海博物馆、故宫博物院等单位举办"藏·天下——庞莱臣虚斋名画合璧展"。这对于研究庞莱臣其人其藏，以及明末清初的古书画鉴藏史脉络，无疑具有十分重要的意义。

为配合此次展览，上海博物馆精心遴选了虚斋旧藏古画共计十二件。作品时代跨度自宋至明，旨在展示虚斋鉴藏规模之一项。所选作品，或为画史名作，如南宋《西湖图》卷、王蒙《丹山瀛海图》卷、张中《吴淞春水图》轴；或系画家代表作，如董其昌《秋兴八景图》册、戴进《春山积翠图》轴、文徵明《石湖清胜图》卷等。题材上，包括山水、人物与花鸟，以便尽可能较全面地展示庞氏的鉴藏特色与审美追求。相信此次特展定能获得学界、收藏界以及广大观众的欢迎。

预祝展览圆满成功！

2014年

（注：作者时任上海博物馆馆长）

《徐森玉文集》序言

陈燮君

徐森玉先生是我们上海市文物管理委员会和上海博物馆的老领导，今年正值先生辞世四十周年、诞辰一百三十周年，所以我馆特意辑录先生的部分遗文，结集出版，以为追念。

从清末开始，徐先生即投身于祖国的文化事业，先后任职于晚清学部、民国教育部，在此期间曾兼任北京大学图书馆馆长、京师图书馆主任等职，后又专任北平图书馆善本、金石等部主任，故宫博物院古物馆馆长等职，为保存传统文化，保护古物流传，孜孜矻矻，奔走南北，贡献极大。其中尤其需要指出的是，在抗战期间，徐先生不顾自身安危，以六旬高龄参与故宫、北图文物、善本南运西迁，曾多次出入敌占区，为国家搜罗、保存文物善本尽心尽力，凡此等等，都足以窥见先生对于祖国传统文化的挚爱以及对于保存古物的用心。

中华人民共和国成立之后，先生历任上海文物管理委员会副主任、主任，华东军政委员会文物处处长，上海博物馆馆长等职，不仅亲身参与筹组上海博物馆、上海图书馆，且对于全国文物博物馆事业的发展、壮大，都做出了卓越的贡献。早在 1951 年，时任文化部社会文化事业管理局局长的郑振铎即在他写给华东文物处副处长唐弢的信中说："（森玉）先生为今之'国宝'，应万分的爱护他。别的老人们徒有虚名耳，他乃是真真实实的一位了不起的鉴别专家，非争取他、爱护他不可。他是一个'全才'，他的一言，便是九鼎，便是最后的决定。应该争取做他的徒弟，多和他接触，多请教他。如果他离开了上海，文管会准定办不成，且一件东西也买不成。"这可以反映出当时大家对先生的认识。也正是因此，在 1962 年底，文化部特别对先生予以褒奖，以表彰他对于文博事业所做出的突出贡献。

徐先生虽然见多识广，满腹经纶，但他一生低调，甚少撰述，所以留下来的文字极少。这部《徐森玉文集》所收，即主要集中于他晚年时的若干论述。先生晚年，曾受中国科学院考古所之托，本拟编辑"历代石刻"，后来因故未得成功。他晚年的几篇论文，也就因此多与碑帖石刻相关。这些文章当年都曾先后发表于 20 世纪 60 年代的《文物》杂志，一经刊行，便被广大碑帖书法爱好者奉为典范。《文集》中另外所收，则多为先生历年的序跋文字。先生自清末投身文化事业，一生念兹在兹者，无非文物、图书。其所撰写的各类序跋，叠经丧乱之后，所存已经无多，但此次所辑录的这十几篇序跋，文字精短，时间跨度却很大，不仅可见先生的交游，更可领略先生的学识。这些都对研究传统的中国文化以及先生的生平极有帮助。如前所述，先生早年曾经任职于民国教育部，当时正值鲁迅先生同在教育部社会教育司任职，两人因趣味相投，颇多交往。所收先生《和鲁迅在教育部同事》一篇，虽然是戋戋小文，却是对这一段珍贵友谊的原始记录，尤其值得宝重。另外，为了帮助读者了解先生生平，我馆特辑录各种文献中所存先生资料，编为《吴兴徐森玉先生年表》。知人论世，年谱无疑是甚好的一种工具。但因文献征集难度，这个年表只能算是简谱而已，详尽之作，尚有待于后来者续补。

先生生前，全心全意投身于祖国的文博图书馆事业。而在其身后，遗嘱则秉承先生一生的志愿，将其藏书及所存文献全部捐献于上海博物馆，使其遗爱遍及后学，其高风亮节，堪为楷模。这部《文集》的编纂，也承其哲嗣文堪先生和外孙女王圣思女士大力协助，在此，我们一并致以最诚挚的谢意。

（注：作者时任上海博物馆馆长）

文化艺术史上的南浔现象
——《金西厓刻竹拓本》刊行序

杨志刚

南浔，一个奇妙的地方。明清以还，人们惊叹于那里的富庶——这块蕞尔之地产生了一批叫做"四象八牛七十二黄金狗"的巨富，还影响了周边苏、杭、湖、嘉、沪等城市的商贸、经济与财富积累。人们也感喟于当地的文教昌盛，人才辈出，古之进士，今之院士，各等名人，引一时风骚。我更看重的，则是南浔在经济与文化之间效能、影响的转换，对于艺术人文留下诸多的遗产，风头无两。例如童寯《江南园林志》品评南浔镇上的五处园林，就赞之以"一镇之地，而拥有五园，且皆为巨构，实江南所仅见"。而这还只是该镇名胜古迹的一小部分。

上海博物馆与南浔有缘。近年入选央视《国家宝藏》节目的馆藏宋人缂丝《莲塘乳鸭图》，就曾由列为南浔"四象"之一的庞氏收藏，在1952年捐赠给上海博物馆。南浔籍文物鉴藏家甚多，不乏与上海博物馆发生交集者。这次刊印的《金西厓刻竹拓本》（又题为《竹刻墨本》等），也是一个例证。

清朝光绪十六年（1890），金西厓（名绍坊）出生于南浔金氏承德堂，其祖上已是当地富豪榜上的"八牛"之一。金家虽为巨贾豪门，艺术氛围却非常浓厚，培养出了才艺卓著的子弟，于晚清民国的艺坛赢得声誉，开枝散叶，演化为国内著名的艺术世家。西厓先生受兄长金绍城、

金绍堂的濡染、指引，步入竹刻创作与研究之途，成为20世纪最杰出的竹刻艺术家和最重要的竹刻艺术理论家。2019年，基于金家的捐赠和本馆的征集购藏，上海博物馆举办"金石筼筜：金西厓竹刻艺术特展"，展品中就有这套两函十二册的《金西厓刻竹拓本》。这套拓本收罗存留了西厓先生的主要竹刻作品，另外每册首尾均请名家题辞，所赠墨迹包括陈宝琛、陈三立、唐文治、郑孝胥、张元济、吴昌硕、齐白石、吴湖帆、叶恭绰、沈尹默、庞元济等鸿彦硕儒，共有数十人之多，气势不凡。拓本最后装订约在20世纪60年代前期，西厓先生去世后，由其女儿金允臧捐赠给上海博物馆。

南浔因蚕桑、缫丝业而获利致富，因商品经济而繁荣发达，更因文化艺术上的成就而令众人仰慕。地域传统、时代风尚，加之特有的经济基础，使南浔几百年间活力充沛，以至人文化成，在建筑园林、书画创作、文物鉴赏、古籍收藏及相关领域均获重要建树，经过时光磨洗积淀为宝贵的精神财富，此堪称南浔现象。南浔金家的故事，又可视做这一现象的缩微版。今将《金西厓刻竹拓本》付诸印刷，既为纪念与回馈，也是有意将南浔现象凸显于艺术史、文化史、社会史的视域中，供学林进一步商讨探究，从中获取滋养与启迪。

但凡经得住岁月流逝而获得公认的"艺术",一定具有神奇之处。艺术博物馆是汇聚神奇之物的机构,同时她也有责任向公众揭示,神奇之物如何造就,神奇的力量源自何方。所以,上海博物馆注重在艺术史、文化史、社会史……各种脉络里展示艺术,并将馆藏的文献资料不断地公之于众,丰富对各种历史脉络进而对艺术本体的认识和理解。

就在笔者动笔撰写这篇序文时,传来金允臧女史在距离一百岁只差两天时于澳洲仙逝,心有戚戚焉。在此遥寄哀思,也祈愿她往升天国,长眠乐土。来日,我们将以这套拓本的刊印本告慰老人家在天之灵。

杨志刚　壬寅初

（注：作者时任上海博物馆馆长）

"瑞色凝光：上海博物馆秘藏缂丝莲塘乳鸭图特展"序言

褚晓波

缂，一种通经回纬的纺织工艺，沿着古老的丝绸之路传入中原，遂有缂丝。宋人有纪唐末至北宋时，回鹘人善织缂丝为袍，一年方成一件。因织作耗时费工，堪称"寸缂寸金"，非寻常之物。北宋皇家内院"克丝作"织用缂丝为包首，装帧名家书画，从百花瑞鸟纹样至花鸟书画小品，渐入佳境。受宋徽宗推崇的院体画影响，缂丝技法由唐时纹样图案所用平缂、勾缂技法，转向与绘画生趣和意境相融的多种戗缂技法方向发展，形成不同流派。宋都南迁和丝织生产中心南移之后，江南地区成为国家丝织核心产地，而缂丝作为非凡之品，更得皇家重视。时代塑名家，名家出精品，尤以南宋朱克柔为一代表。

上海博物馆秘藏的朱克柔缂丝《莲塘乳鸭图》是宋缂花鸟画之翘楚。朱克柔融合院体画艺于缂丝技艺，以纤细的合色花线（合花线）作调色，以"长短戗缂"技法来摹画水墨笔意，晕色效果自然天成，精工细作。后世赞其名为"朱缂"。此作品原为庞莱臣旧藏，其后人庞维谨等于1952年连同五件明清缂丝书画一并捐赠，附函中云："此种天壤瑰宝，不敢再自珍秘，亟宜献捐国家，公诸人民。"庞氏家族高义之举，使国之瑰宝《莲塘乳鸭图》得以公之于世，让朱缂法得到研究和传承。

时光逝去近千年，《莲塘乳鸭图》虽充满岁月之痕，但依旧风采卓然。人们近观画面静心欣赏时，随观察方向和角度不同，仍可见丝光流转，山石坡地、水禽花卉等的色泽、光影皆有变化，闪动着绘画无可比及的灵气和神韵。它是缂丝书画艺术发展到巅峰的代表作，甚至超越了书画意境。

丝路西来之技，入中华丝艺，于江南之地，融会丹青之美，方成《莲塘乳鸭图》之缂丝巨制。今值上海博物馆建馆七十周年庆典之际，特出此平日难得面世的秘藏瑰宝供人们欣赏，为流传千载之绝色再觅当代知音，定能有助于今日传统工艺之复兴，其意义想必不止于研古鉴宝而已。

（注：作者为上海博物馆馆长）

谁把传灯接宋贤
——《莲塘乳鸭图》等虚斋旧藏的保护与利用

钟无末

20 世纪 50 年代，上海市文物管理委员会通过多种形式征集庞元济的虚斋旧藏中国古代书画精品，是在近代以来历经动荡，大量文物外流乃至损毁的社会背景下，将具有重要价值的文化遗产纳入国家的保护管理，进而向公众提供历史、艺术、科学教育的规划与实践的一则案例。朱克柔缂丝《莲塘乳鸭图》即是由庞家后人捐赠给上海市文管会的最具代表性的文物珍品。上海市文管会接受捐赠后，《莲塘乳鸭图》交由新创设的上海博物馆收藏、保护、研究、展示。由于纺织品类文物异常脆弱，围绕如何既达到文物保护的要求，又满足向公众展示的需要，七十年来文物博物馆同仁通力协作，探索创新，务求在妥善保护文物的前提下，挖掘阐释文物价值，并加以合理有效利用，从而丰富全社会历史文化滋养。

上海博物馆自筹备、成立，向公众开放至今，承膺广大文物爱好者、收藏家的信任与关怀，在征集文物、充实藏品结构等方面得到了社会力量的大力支持。尤其是中华人民共和国成立初期，文物收藏者通过集中出让、主动捐赠等形式将个人珍藏化为公有，积极参与文化建设。上海博物馆得以在较短时间内成为艺术精品集中的博物馆，于此获益匪浅。朱克柔缂丝《莲塘乳鸭图》就是 1952 年 12 月临近上海博物馆开馆之际，由庞维谨、庞增和、庞增祥捐赠的一件具有重要艺术价值的珍贵文物。在此，有必要就时代背景和庞氏旧藏情况先略作交待。

一、南浔商帮与虚斋旧藏

清代同光年间至民国初，湖州南浔出现了一个财力雄厚的区域性商业集团，被称作"南浔商帮"，其中佼佼者如刘、张、庞、顾几家又被推为"四象"。浔商多以经营丝业起家，进而涉足盐务、银行、地产等多个产业，在中国近代民族资产阶级的演进蜕变历程中占有一席之地。随着经营规模和范围的扩大，20 世纪初期活跃于上海的浔商集团曾对东南地区的政治、经济、文化等领域发挥过举足轻重的影响。值得注意的是，初代浔商的继承者们有不少对文化艺术怀有特别的兴趣，涌现出庞元济、蒋汝藻、刘承幹、张乃骥、张珩等杰出人物，对江南地区，乃至中国的近现代文化、文物事业产生了重要影响。

南浔庞氏的兴盛始于庞云镨，而在文化方面有所建树则起于庞元济。庞元济（1864—1949 年），字莱臣，号虚斋，庞云镨次子。庞元济富于赀财，精于鉴藏，广泛涉猎铜器、瓷器、书画、玉器等诸般文物，尤以古代绘画收藏之广博精良，"甲于东南"（郑孝胥语）。后以其所蓄秘宝"真而且精者"编得《虚斋名画录》十六卷、《续录》四卷。

庞元济在世时他收藏的古画就逐渐散出，而留在国内的部分，大约至20世纪80年代，依循嗣子庞维谨、孙辈庞增祥、庞增和等各房因缘，比较集中地入藏上海博物馆、故宫博物院、南京博物院和苏州博物馆等四家公立收藏机构。经由上海市文物管理委员会（简称"上海市文管会"）、上海博物馆征集，并保留在上海博物馆的庞氏旧藏，种类包括含缂丝在内的古代书画、瓷器、铜器和工艺品、用具，以古代绘画占绝大多数，征集时间主要在20世纪50年代。

二、上海市文物管理委员征集虚斋旧藏

1949年9月，上海市军事管制委员会批准成立上海市古代文物管理委员会，次年1月改名为上海市文物管理委员会。接收、收购、接受捐赠是当时上海市文管会征集文物的主要方式。接收的文物，主要经由各机关单位交送，原始来源复杂多样。接收行为是根据人民政府颁布的文物管理法规条令，执行文物所有权转移。接受捐赠的文物，则主要反映的是收藏者的收藏旨趣。部分捐赠固然受到文管会工作人员的动员影响，但基本原则是尊重收藏家的个人意愿。而以收购的方式征集文物，从特定角度较为显著地体现了这一时期上海市文物管理委员会的主要参与者对当时上海文物留存情况的总体把握，以及建设文物博物馆事业的思考与实践。

文物收购的对象，主要是收藏家的藏品和社会上流散的文物。近代上海是全国经济中心，也是文物集散中心。一方面经济的富庶带来风雅的标举，上海本地不少资本家兼是收藏家，他们有实力广泛地搜罗各种门类古物。而为避兵燹之灾，外地的收藏家也多有移居沪上者，携去了无论数量、质量都令人瞩目的家传故物。再加上文物市场蜂拥趋利的大小商贾，巨量文物聚于淞滨。承平之际秘阁庋藏不得见者往往络绎现世，迭出纷呈。另一方面，文物在收藏家、经营者间大量转手，或因时局所迫，或缘利益驱动，外流乃至不幸损毁者不知凡几。在这样的时代背景下，征集经费相对有限，哪些文物是最紧要的购藏目标，哪些文物所有方是收购工作的重心，委实有赖主持工作者的通盘考虑与运筹帷幄。

已迁居上海的庞氏，因有虚斋收藏无疑是当时最夺

目的几家之一。庞氏藏品的重要性，借由赴京出任中央文化部文物局文物处副处长的张珩致在沪主持文物保护工作、担任文管会副主任委员的徐森玉的信中数语可见一斑："庞氏画，明清可独步全国，幸长者注意及之，勿使流散也。"首先点出了庞元济旧藏绘画，尤其是明清部分收藏具有极其重要的价值，其次希望上海方面对这批收藏给予高度关注，切勿让其流失散佚，同时似也暗含着北京方面对庞氏旧藏充分重视的态度。虚斋藏书画数量之多、价值之高，甚为集中的一次出让是1952年由中央文化部和上海市文管会联合收购，计三百余件。同年底，其中一部分被以拨交的形式划拨给上海方面。

稍早时候，上海市文管会于1951年1月和3月分两次从庞维谨处购得部分庞氏旧藏书画。尽管彼时上海博物馆还未成立，但早在1950年建立一座大规模综合性艺术博物馆的计划已被列入日程，文管会负责收购庞氏书画的三位经手人——徐森玉、谢稚柳、刘汝醴，都受聘为上海博物馆筹备委员会委员。可以说，在上海博物馆正式对公众开放以前，以中国古代绘画精品佳作为代表的庞氏藏品，在为上海市文管会购藏之始，从私人罗致以供清赏之用转而为人民政府的文物政策执行机构所有，就即刻被赋予了面向人民群众、宣传优秀艺术传统、推进美育建设的公共文化和历史意义。这一意旨经由上海博物馆的展示陈列得以落实。

三、朱克柔缂丝《莲塘乳鸭图》入藏上海博物馆

在征集庞氏旧藏过程中，上海市文管会得到了以虚斋第二代继承人庞维谨为代表的庞氏亲眷的支持和帮助，除1951年、1952年完成三次重要购藏，庞维谨、庞增和、庞增祥前后五次向文管会、上海博物馆捐赠文物。1952年捐赠的南宋朱克柔缂丝《莲塘乳鸭图》是其中至为珍贵者。

庞元济《虚斋名画录》著录手卷、立轴、册页合计五百四十五件，逐件标明或绢本或纸本，或设色或水墨，收录刻（缂）丝本唯一件，即宋朱克柔《莲塘乳鸭图》轴。援此著录，可知在庞元济看来，《莲塘乳鸭图》属画作类别，是以丝线来呈现画面效果的特殊体式，究其色彩之鲜丽活泼、造型之灵动多样，加以尺幅阔大，署款完备，可堪厕

身巨然、郭熙、米芾、李迪佳作之林。庞元济对此作艺术价值评价之高自不待言。

1952 年 12 月 5 日，庞维谨、庞增和、庞增祥联名致函上海市文物管理委员会，表示希望将《莲塘乳鸭图》及其他五件明清缂丝"献捐国家，公诸人民"。在捐赠函中，庞维谨等将缂丝作为一项专门的中国古代艺术形式予以特别表彰："谨查我国刻丝艺术溯自周汉，盛于唐贞观、开元间，至赵宋徽、高二朝，炯烂光辉，精致绝伦，可谓臻尽善尽美之境。但以其刻制复杂，一幅之成，穷年累月，犹恐未能竟事，至其精品之流传，自更珍稀……况此种我国独有之手工艺术，最足表显我民族艺术之传统，及我民族之智慧聪明。"

就朱克柔缂丝《莲塘乳鸭图》而言，"设色布置尽绝造化之妙"，是"天壤瑰宝"，将《莲塘乳鸭图》为代表的缂丝文物捐赠给文物管理委员会，以期"为人民所共有，庶使我民族所特有之艺术发扬光大，垂辉千古"。上海市文管会对此给予高度赞赏和褒扬，随即在上海博物馆陈列展示，公诸于众，并在展览说明中指出"（缂丝）南宋时制作更为匀细，有装潢成挂轴的，特别以云间（今上海松江）朱克柔制作的最为著名""到元明时代还是沿袭着宋代的传统的"。另一方面，纺织品文物对贮藏、展览条件要求严格，光、温度、湿度等都是影响纺织品老化的因素，而微生物、害虫、空气污染物更会直接对纺织品造成损害，选用的展贮方式、设备材料也与文物保存状态息息相关。上海博物馆负责文物保管工作的承名世、徐孝穆于 1955 年 10 月起草的一份请示反映了展示贮藏工作中《莲塘乳鸭图》面临的问题与挑战。

据承、徐所述"我馆所藏宋朱克柔缂丝，原为挂轴幅式，后因陈列需要，曾临时改装为镜心幅式"。此处所说"原为挂轴幅式"与《虚斋名画录》中称"图轴"相合，说明在庞家时作卷轴式展贮。而在捐赠给上海市文管会，入藏上海博物馆后不久，《莲塘乳鸭图》改为装裱式展贮，即变作"镜心幅式"，其好处是展览和贮藏时不再需要拉伸、卷曲操作，避免摩擦，减少了对丝织品文物的损伤。但经过一段时间陈列，文物的保存状态有所下降，出现"幅面曾发现略有不平的现象"。经

过分析，认为造成这一现象的主要原因是"原来装裱的覆背太薄""陈列的时间较长"。

从《莲塘乳鸭图》当时的情况来看，出现幅面不平，主要是因陈列环境中温湿度微变化时，裱纸与缂丝缩率不同引起。覆背太薄，即在背衬与纺织品缩率存在差异的情况下，又因刚性不足，无法让织物保持舒展挺括的状态。而"陈列的时间较长"，则意味着如果不加调整就会超过织物的疲劳极限，原本可恢复的形变可能演变为不可逆的永久损伤。

进一步说，较长时间的光照可能使缂丝表面和内部温度上升，产生内应力变化，引起翘曲。再者陈列室空气温度和湿度的变化会导致缂丝内部水分含量改变，水分子的渗透或析出也会引发起皱、变形、翘曲等外观变化。陈列时间越长，不良影响的效果累积越明显。此外空气温度和湿度的升高，还会促使霉菌、虫害和微生物的繁殖，这些都会对缂丝造成威胁。

在对《莲塘乳鸭图》进行细致观察、认真分析问题成因，并广泛咨询业内意见的基础上，上海博物馆保管部拟定了文物修复方案，一方面计划延聘装潢名家刘定之重新装裱，仍作镜心形式，令缂丝平整服贴，衬板具备良好的支撑，另一方面为文物订制木质贮藏设备，确保《莲塘乳鸭图》始终保持平摊状态，让织物纤维获得最大限度的放松。时任上海博物馆副馆长杨宽批准了重新装裱方案，又严肃强调"必须叮嘱刘定之在裱时特别小心保存，务使原物不受损害，如刘定之认为无把握，再行考虑"，表现出极审慎的态度和以文物安全为首要前提的工作原则。针对文物的实际情况，及时、科学、精准地制定和调整保护展示方案，是上海博物馆文物保管、研究、陈列工作的重要原则。此后 1958 年的"丝织、刺绣、印染工艺展览"中，《莲塘乳鸭图》被放置在桌柜里展出。1993 年赴日本东京、名古屋、福冈的"上海博物馆名品展"，则是镶嵌在镜框里，斜板陈列。时至今日，有赖博物馆同仁的悉心保护以及硬件设备、技术手段的进步，《莲塘乳鸭图》保持着良好稳定的状态。

近年来作为纺织品保护储藏、展示陈列一体化的实践探索和重要创新成果，上海博物馆工艺研究部、文物

保护科技中心、保管部、陈列设计部通力协作，为一批馆藏缂丝文物订制了以无酸棉纸板、无酸瓦楞纸板为内里衬垫，外用铝合金框体和抗弯低反射玻璃镜片的装具，实现了文物展出、贮藏时的形式统一，避免了存放、运输、布展过程中不必要操作可能造成的损伤。其中与《莲塘乳鸭图》同批捐赠的明代缂丝《佛手花鸟图》和清代缂丝《花鸟图》，以及明代缂丝《群仙拱寿图》等作品尺幅殊巨，面积达到两三平方米，经过此次改装，在文物保护、观摩效果两方面获得了尤其突出的提升。在2021年"丝理丹青：明清缂绣书画特展"和"高山景行：上海博物馆受赠文物展"上带来了优秀的观览体验。

而此次"瑞色凝光：上海博物馆秘藏缂丝莲塘乳鸭图特展"在严格遵循缂丝文物贮藏、展示要求的前提下，为尽可能向公众提供高质量的观摩条件，结合未来保藏、陈列、研究的中远期需求，经多方研讨协作，为《莲塘乳鸭图》定制了专门的展陈储方案。一是在库阶段，根据文物尺寸制作专用保存柜，既保证提取存放时无需直接接触文物，也可在不开启保存柜的情况下观摩文物。二是在展厅阶段，《莲塘乳鸭图》被放置于展厅中心区域的独立桌柜中展出。展柜的尺寸和结构与库房保存柜匹配，通过整体移动、装载使文物"无缝切换"放入展柜，这一过程不需要触碰缂丝本体。同时经过优选展柜材料，细致测算照度、曝光量、温湿度等变量，精心调试设备等一系列工作，成功缩短了展柜进深。在光照、环境监测调节等设备的安装上也反复斟酌、巧妙布局。力求在妥善保护文物的基础上，使观众得以"纤悉无遗"地观赏《莲塘乳鸭图》这一缂丝珍品。

上海博物馆历来重视文物研究工作，积极将研究成果推介给学界。研究的稳步推进，加深了对文物的全面了解，这既是制定长时期保护方案的指引和依据，也是举办展览，向公众提供历史文化教育、引导美学欣赏的基础。如"丝理丹青""瑞色凝光"两个特展在文物展示的同时，以织机模型、技法图示、动画模拟、展览图录等多种形式，将中国传统织造的艺术特征、工艺技法生动晓畅地介绍给观众，从而实现关于传统缂绣艺术的美学价值、生产技术的知识共享。

朱克柔缂丝《莲塘乳鸭图》是庞元济古代艺术珍品收藏的一件代表，而庞氏旧藏又是上海博物馆文物聚珍的一桩个案。一件具有重要艺术价值的古物，由一人一家的赏鉴转进为与公众共享先民在物质和精神世界探索的灿烂成就，其间凝结着文物收藏家的美好期许，也正是文物博物馆工作者践行使命、不懈努力的一段剪影。

四、余音

在捐献《莲塘乳鸭图》等缂丝珍品后数日，庞维谨、庞增和、庞增祥又去信上海市文管会，信中写道"我家旧藏古画已经钧会大部收购，兹将画橱二具奉献钧会，用置卷轴"。这两具画橱应即庞家昔日储存书画卷轴的用具，虚斋的两代继承人如此郑重地举以相赠，并非因为橱具名贵，实是寄寓着收藏家的惓惓深情。一则以故物配古物，不失在某种意义上复原了庞氏典藏的旧时面貌，对曾经收藏者而言聊堪慰藉，一则画橱乃庋藏器具，亦即"历久勿佚""永宝用"的象征，是收藏家对公立收藏机构的切切嘱托。这既是对文物博物馆事业的直接支持，也是对文博机构的鞭策勉励。

自上海博物馆成立开放以来，如何妥善地保护馆藏文物，如何深化拓展文物研究，如何生动地向公众展示、阐释文物，一直是博物馆人探索实践的方向和孜孜以求的目标。七十载春秋，砣砣终日，夕惕若厉，不敢须臾轻忽。

庞元济在谈到他的收藏时曾说："彼苍苍者，殆不欲名迹湮没，特令余裒集之，以广流传耶？"（《虚斋名画续录·自序》）庞维谨等三位先生在捐赠函里又说，将文物珍品捐赠给国家，"为人民所共有""其意义之深长较一家一己所私有，不可同日语矣"。前者是讲继承、保护、传续优秀历史文化遗产的责任，后者则强调挖掘阐释文物价值，丰富人民群众历史文化滋养，发挥文物社会功用的重要意义。博物馆的职责与使命，庶几正在此间。

（注：作者为上海博物馆馆员）

从南浔少年到一代竹刻大家
——金西厓竹刻艺术概说

施　远

1926年，83岁高龄的吴昌硕应金西厓之请，从《荀子》中著名的格言"锲而不舍，金石可镂"取意，为其书斋题名"锲不舍斋"，并书款识"西厓仁兄精画刻，业业孜孜，无时或释，神奇工巧，四者兼备，实超于西筠（张希黄）、蛟门（韩潮）之上，爰摘荀子语以颜其斋。丙寅初冬，安吉吴昌硕老缶年八十有三"。此时金西厓三十七岁。十八年后，当八十四岁的白石老人在金西厓刻竹拓本第十一册的扉页上题写"金石笁笤"四个大字时，金西厓业以年近六十了。自乾嘉金石学大兴以来，迄于民国年间，"金石美学"可说笼罩传统艺坛，"金石气""金石声"差不多成为对艺文作品最重要的褒词。近现代中国两位最伟大的金石书画巨匠，不约而同地从"金石"入手，一者期许于前，一者嘉许于后，对金西厓的刻竹作出了堪比金石的评价。

竹材为易朽之物，本不能比金石之寿；竹器属贱工之艺，亦莫同于鼎彝之尊。然而中国文人爱竹重竹，当明清以来竹刻艺术发展成熟之际，刻竹也就成为"君子"之艺了，恰如《竹人录》作者金元钰所说："刻竹虽小道，其人非具郑虔三绝，灵襟洒脱，居处出尘，不能下一笔。"热爱竹刻的文人们更为竹刻找到了高贵的"出身"，他们认为当上古未有纸帛之时，史册书记多在甲骨与简牍，由此士夫皆擅刀笔。晚清民国时著名的金石鉴赏家，也是近代竹刻研究的先驱褚德彝在金西厓竹刻拓本后的长题，其末即云"益信竹刻一艺为商周以来学子能事固然，工师之技术不能同语，学古有获者当不河汉斯言"。从造型艺术的本质而言竹刻与甲骨简牍的锲刻是风马牛不相及的两件事情，然而这并不妨碍老派文人发思古之幽情时作出这样的联想。

是什么样的力量让金石艺术家和鉴赏家们将竹刻和"金石""商周"这样一些"高大上"的概念链接起来了呢？是什么样的人物，让陈宝琛、罗振玉、郑孝胥、王同愈这样身份的前清遗老与吴昌硕、齐白石、张大千、溥心畬、吴湖帆、沈尹默这样的艺坛泰斗，以及庞元济、张元济、王蕴章、唐文治、叶恭绰、况周颐、余绍宋等等各界巨子纷纷题诗、题辞，或者提供墨稿供其刊刻呢？

当金西厓自刻自用的数十柄折扇徐徐打开，煌煌十二巨册刻竹拓本一一展卷，在我们未及细览那精妙绝伦的竹刻之前，就先被一个个在近现代文化史上熠熠生辉的名字震惊了。比起对这些名字的熟悉，我们对金西厓及其刻竹的了解实在是太浅薄了。既然如此，那不妨先介绍一下金西厓这个人物，再来说他的艺术，这大概也符合孟子所教导的，"颂其诗，读其书，不知其人，可乎？"

家世与艺术生涯

金西厓谱名金绍坊,字季言,号西厓,一作西崖。于清光绪十六年庚寅(1890)五月初九辰时出生于浙江省湖州府乌程县南浔镇东大街金氏承德堂。

其祖金桐(1820—1887年),字竹庭。少年家贫无力向学,遂为商贾,后从经营烛铺转营丝业,并在上海担任丝通事,先后开设协隆丝栈、金嘉记丝行和泰安坊丝号,生意顺利,财富日积,名列南浔巨商"四象八牛"之一"牛",后被清廷诰授奉直大夫。金桐为人乐善好施,立下醇厚家风。父亲金焘(1856—1914年),字辰三,一字星垣,号沁园。为金桐长子,十六岁中秀才,曾任缙云县学训导,迁中书科中书,改授通奉大夫。后以父病乞归,专力经营家业。他崇尚西学,极其关心子女教育,在光绪二十八年(1902),将已经接受过传统教育的长子金绍城、次子金绍堂、三子金绍基、三女金章兄妹四人送往英国留学。

金城(1878—1926年),谱名金绍城,字拱北,号北楼,又号藕湖。他在英国修习法律、化学、历史、哲学诸科,暇时游观各大美术、博物馆,又游历欧洲诸国,考察人文学术与历史文物。1905年归国后任上海公共租界会审公廨襄谳委员,次年改官北京,历任大理院刑科推事、监造法庭工程处会办、民政部咨议等职,并曾于宣统二年(1910)出任"万国监狱改良会议"的中国代表,出访美国华盛顿,并走访十八个国家,历时近十个月,其相关札记经后人整理出版为《十八国游历日记》。中华民国成立后,任众议院议员、国务秘书,参与筹备古物陈列所。尽管金城仕途通顺,在政治事业与社会活动上也作出了许多成绩,但其最大的成就与影响还是美术方面。金城在十八岁初应童子试时,画名即传闻乡里。他初官京师时就凭借出色的诗书画印之才能结交名公巨卿,并曾献印献画于宣统皇帝,蒙赐"模山范水"匾额。1920年,北京成立了以"精研古法、博采新知"为宗旨的中国画学研究会,金城被推为会长。研究会开展了一系列中国画学改良和中日美术交流活动,在近代中国美术史上留下浓墨重彩的一笔。金城有"北平广大教主"之誉,门人众多,著名者有胡佩衡、徐燕孙、陈缘督、惠孝同、陈少梅、田世光等。

金绍堂(1880—1965年),字仲廉,号东溪。从事实业,精于刻竹,其子金开英是中国石油事业和炼制工业的主要创建者。金绍基(1886—1949年),字叔初、叔础。是电机专家和实业家,曾任北京商务委员会所属技术学校电气科教授和清政府商部交通委员会委员,20世纪20年代担任北平美术学院副院长、北平博物学协会会长,1936年被推举为中华教育文化基金董事会秘书兼执行委员。金章(1884—1939年),字陶陶,号紫君,亦称陶陶女史,幼从长兄习画,特工鱼藻,是民国时期著名的女画家,其子王世襄为现代著名的文物鉴赏学家。

当兄姊留学西洋之时,年仅十三岁的金西厓因年幼留在家中,继续接受传统的家塾教育。1909年,他娶同乡沈氏为妻。沈氏名颖,字诉诉,与先生同庚,乃上海公安局局长、禁烟局局长沈毓麟(谱琴)长女。伉俪情深数十年,先后育有三子二女。金西厓成年后报读上海的美国万国函授学校"圣芳济学院",学习土木工程,并于1911年取得毕业文凭。1914年起开始工程师生涯,历任上海汉口建筑商场副工程师、督办南运河工程局工程师、浙江省公署工程咨议等职,曾参加过南京长江大桥前期测绘等工作。

南浔金家有着浓郁的艺术氛围,人人出手不凡。我们今天还能在杭州西湖南高峰西侧翁家山南麓烟霞洞口看到金焘题写的"烟霞此地多"篆书石碑,款署"光绪二十二年南林沁园甫金焘题",篆法整饬,笔意工稳,颇具功力。在这样的艺术家庭里成长,年幼的金西厓自然也会对金石书画产生浓厚的兴趣。早在1912年,金西厓即加入了上海"豫园书画善会",开始涉足艺林。然而金城却以过来人的经验指点道:"现今社会上搞书画的人很多,刻竹的人少,你不若从东溪兄学刻竹,较易成功也。"金城在画学上重视功力和法度,主张取径宋元大家,折中西洋写生之法,故于画艺殚精竭虑、惨淡经营。他深知画道的艰辛和画界竞争的激烈,乃为其弟指一方便法门。接受了兄长的建议,1917年,金西厓正式开始跟从已有竹刻家名声的仲兄金东溪学习竹刻,开启了长达近半个世纪的刻竹生涯。有伯兄在竹刻稿本上的无间相助和仲兄在竹刻技艺上的倾囊相授,成功只取决于自己的努力了。

关于金西厓开始刻竹生涯的大致情形,可于其《刻竹小言》自序中略微一窥："余少习工程，夙疏文墨。壮年就业，奔走遐迩，营建之余，独喜刻竹。伯兄北楼，殚思画学，每取砚池余沈，于臂搁笾边为作小景，付余镌刻。仲兄东溪，素工斯艺，朝夕濡染，遂爱之入骨。居家之日，恒忘饮食，仆仆征途，亦携竹材刀刷相随。"上海博物馆工艺部前辈庄永贵先生在《吴昌硕与竹刻家金西厓》中记述："（金西厓）自从专攻竹刻后，进步极快，很快就赶上并超过其仲兄金东溪的水平……西厓为了提高自己的刻竹艺术水平，扩大艺术视野，仍从伯兄金北楼学习书画，间亦镌刻印章。"

褚德彝在1930年春撰《竹人续录》，其"金西厓"条云："日夕奏刀，无间寒暑，三年中刻扇骨至三百余枋，可谓勤矣。"按《金西厓刻竹目录》（手稿本，以下简称为《目录》）共登录包括扇骨、臂搁、笔筒、手杖在内的作品总数为四百三十六件。所录最早的作品创作时间为1920年（庚申），为数极少，次年（辛酉）作品渐多，至1922年（壬戌）始出现爆发性增长。此后历年所刻数量参差不齐，少至一二件，至多不过三十余件。粗略统计，年刻三十件以上者有四年，二十件以上者有四年，十件以上者有三年，余皆年刻十件以下。从1950年开始至其离世，或作或辍，总共刻制扇骨不过十余件。

在褚德彝撰写该条目的1930年之前，金西厓刻制扇骨最多的1924年（甲子）也仅有三十三件的创作纪录。褚德彝并未明言是哪三年，考虑到其文意在于说明金氏用工之勤，有理由相信，"三年中刻扇骨至三百余枋"很大可能是对金西厓初习竹刻时的数量记录，其时间自1917年至1920年之间，约当三年。这些早年的习作，旨在练习手艺者居多，又出于初学之手，水平必然不会太高，除却当时为亲朋索去者，恐怕多付斧斨了。今天唯一能确认的金西厓最早的刻骨作品，即是在《目录》和十二册《金西厓刻竹拓本》中都列为第一号的阴文金城画山水又草书竹扇骨。这件完成于1920年的作品在雕刻技法上明显比较稚嫩，远逊其代表水平，应是金西厓自留的少数早期习作之一。想来若没有初学刻竹时期的大量练习，也不可能在数年后就取得惊人的成就。

从1922年开始，金西厓的竹刻水准明显趋于成熟且水平稳定，作品数量亦多。自1922年至1926年，是其竹刻创作的第一个高峰期，五年中共刻制扇骨一百三十余件、臂搁二十七件、笔筒五件，风格多样，技法全面。1926年，其伯兄金城离世，此后十多年里竹刻创作明显减少。1934、1937两年完全停止竹刻创作。从1942年开始，金西厓进入竹刻创作的第二个高峰期，自1942年至1946年，五年中共刻制扇骨亦有一百三十余件，另有臂搁五件。这一时期的雕刻手法相对单一，扇骨多以阴文与浅刻为主。

1922年大东书局刊行了金东溪、金西厓昆仲竹刻作品集《可读庐竹刻拓本》影印本，1933年金西厓又出版了竹刻拓片集《竹素流风》影印本。1927年《湖社月刊》创刊，其刻竹拓本屡见刊载，影响遂及于全国。当时上海及北京各大扇庄均代为收件，润例颇高，所刻扇骨、臂搁，价与中幅名家书画相埒。

在金西厓的作品中，有很多是与伯兄金城合作而成的。特别是其出道的1922年，所作竹刻以金城绘稿为主。西厓自述云："伯兄北楼，能作寻丈巨帧，但画尺许之臂搁、扇骨，亦如狮子搏兔，必以全力。每见其把竹凝视，心有所会，方肯落笔。一稿甫就，便告曰'某处用阴文，某处用阳文；某处宜深刻，某处宜浅刻；某处求对比，某处是呼应'。盖其构思时，已预见刻成之全貌矣。"1926年金城去世后，西厓还时时临仿乃兄的画本镌刻于竹。"拱北画，西厓刻"遂成为其竹刻创作中最具特色的作品。

依托于家族的社会关系特别是伯兄金城在艺文界广泛的人脉，使金西厓结识了众多艺坛名宿、画界巨子。据不完全统计，先后与其有过合作的名家有褚德彝、朱孝臧、高存道、王一亭、郭兰祥、郭兰枝、徐宗浩、郑孝胥、吴昌硕、姚茫父、冯煦、吴待秋、宝熙、赵世骏、罗叔韫、寿石工、王福庵、罗振玉、陈缘督、吴湖帆、庞莱臣、林纾、赵叔孺、溥雪斋、张大千、汤定之、高野侯、齐白石、陈师曾、张石园、吴待秋、吴子深、冯超然、江寒汀、陆抑非、溥心畬、楼辛壶、惠孝同、郑慕康、俞涤凡、王雪涛、徐燕孙、唐云、符铁年、余绍宋、叶恭绰、陈少梅、沈尹默等等，京津沪苏杭等地名家几于尽揽。此外，如陈三立、陈夔龙、成多禄、谭泽闿、袁思亮、高振霄、夏敬观、张元济、金蓉镜、王同愈、陈方恪、袁荣法、王树荣、费树蔚、王蕴章、唐文治、曾纪芬、陈祖壬、袁思永、章珏、况周颐、沈卫、姚虞琴等等社会名流也与金西厓有或深或浅的翰墨之谊。

1949 年后，金西厓已年满六十岁，因目力衰退，逐渐停止竹刻创作。从 1950 年到 1956 年，完全没有作品记录。1956 年 6 月，金西厓被聘为上海市文史馆馆员。这件事或许重新激发老人在艺术上的热情，从 1957 年开始，竟然又陆陆续续创作了十余件作品，不仅有扇骨，还有此前从未雕刻过的手杖，以及自 1925 年之后便再也没有措手过的笔筒。金西厓最后一件作品是 1965 年 6 月 24 日（乙巳五月廿五日）刻成的阴文张大千行书又山水竹扇骨。

艺术地位与理论成就

金西厓是 20 世纪最杰出的竹刻艺术家和最重要的竹刻艺术理论家。

竹刻是在明代后期发展成熟为独立艺术的，其后累有名家巨匠，并逐渐形成嘉定、金陵以及留青三大主流样式。作为雕刻艺匠与文人意趣高度融合的工艺美术而跃居于雅玩高端的竹刻，依靠师徒相承来传习其完整的工艺体系。但这种模式也渐生流弊，特别是商品化对竹刻的侵蚀十分严重，以嘉定竹刻为代表的产业竹刻终于丧失了文人雅趣，流为世俗所需的吉庆贺礼与日用器物，前辈大师的文人情怀与高蹈清趣荡然无存。反而是嘉定以外地区的文艺人士，纷纷奏刀向竹。他们的出身多种多样，或为诸生，或为士夫，或为僧道，却多能奏刀于竹材，厕身竹人之列，其中不乏集传统经学、金石、书画、辞章、考据、收藏研究于一身的学者型竹人。他们中有以竹材作为主要镌刻材料者，但绝大多数是能在竹、木、牙、石等各种材料上运用刻刀表现金石书画之艺术趣味的镌刻通才。详考史乘，清代中晚期江浙皖地区文人中能刻竹者不下百数十人。随着江南文人大量参与竹刻艺术创作实践，竹刻的雕刻形态逐渐转变，利于再现书画与摹刻金石的阴、阳文浅刻一跃而为文人竹刻的主流，极少圆雕和高浮雕之制，在艺术上普遍以表现书画的笔墨情趣与金石拓本的苍茫效果为追求。此际竹人多能自书自画自刻，心手相通，刀笔相融，

因而各具风姿。至于诸家酬唱合作，或我镌尔画，或彼刊吾书，更是多才多艺的文朋墨友间之雅事。可以说，清代江南文人竹刻艺术发展到道光朝以后，在艺术上已经超越了传统竹刻重镇嘉定，成为这一时期竹刻艺术的代表。其蓬勃发展的缘由，具体而言大概有四：金石学的大兴、阴文浅刻技法的熟成、竹制折扇的风行、镌刻技艺为艺文之士所必修。

此时由嘉定竹人周颢开创的表现文人画笔墨效果的阴刻技法已流传开来，为无数精通书画又擅铁笔治印的文人，开辟了奏刀向竹的坦途。然而随着文人书画竹刻发展成为新的流行样式，因应市场需求和产业发展，画刻分途亦自此开始并愈演愈烈，以至到了清末民初，画家挥毫作稿，竹人循迹奏刀，竟成竹刻创作的常态。摹刻稿本能否纤毫必到，亦成为当时评价竹人优劣的唯一标尺。尽管当时活跃着一批知名的竹刻艺人，但其中优秀的亦不过是"雅匠"，作为画本和拓稿的"附庸"从事着竹刻制作。当时的鉴赏家和论艺者，也皆视此为竹刻艺术的当然形态。

金西厓正是在这样的时代背景下开始其竹刻创作实践与理论思考的。他的竹刻创作以扇骨雕刻为主，这些扇骨竹刻的墨稿或来自于同当世书画名家特别是与兄长金城的合作，或传移模写名家笔法墨迹和金石传拓之本，亦有不少出于自运者。雕刻形式多样，无论阴文、阳文、留青，或则深刻、浅刻、毛雕，皆达到很高水平。与一般竹人镌刻他人画稿或者画影图形亦步亦趋，或者锦上添花无端用巧的路子不同，金西厓尤其擅长灵活运用不同刻法以表现书画墨稿的笔墨趣味和艺术意境，但又能避免堕入炫耀技艺的歧路，始终保持雅正的艺术品格。作为二度创作，他的刻件竟然常常能较书画原迹更加具有艺术感染力。在名手辈出的民国艺坛上，金西厓以高华、清雅、朗润、平正的扇刻风格独树一帜，他在扇骨雕刻上取得的成就使其当之无愧地成为 20 世纪中国竹刻艺术的代表人物。

所以如此，是与金西厓在家族的熏陶和兄长的指引下，拥有良好的画学修养和鉴赏眼界分不开的。前面谈到，清代文人竹刻名家，往往是诗书画印兼擅的，绝不是仅仅能刻竹而已。多方面的文化艺术修养，是一个竹人能够成

长为名家甚至大家的保障。金西厓自谓 "凤疏文墨"，在诗文方面并不在行，但作为当时少数受过新型教育的现代知识分子，其文化根基自不待言。早年有较长时间跟随伯兄金城习画的经历，族中及姻旧中又富收藏，加之与同时书画翰墨名家时相过从，其起点之高、眼界之富显然是一般的工艺人士难以比拟的。我们今天还能看到存世极少的金西厓早年绘画作品，知其花鸟、山水、人物皆能，笔墨沉厚，设色妍雅，允称能品。画面气息淳厚清和，构图则平中见奇耐人寻味，这些特点与其刻竹的清雅格调及经营位置的缜密别致完全合拍。西厓尝自言："间或画本与竹刻之需求未尽合适，有待商榷斟酌处，亦尝以私意更易之。刻成再示原作者，往往蒙其首肯。"证明他在刻竹上是充分体现了自己的画学修为。金西厓 20 世纪 40 年代开始的刻竹创作，除依然有与名家合作的模式外，还出现大量 "临、仿" 之作，其中的 "临" 可能是缩摹某家画本于篝边，"仿" 则完全是利用某家画稿进行一定程度的自由编排了，然而其合情合理，凑泊无痕，若非在《目录》手稿中自己作了详细标注，后人断然是莫辨雌雄的。至于其他自运墨稿的刻件，就更能体现金西厓的绘画水平了。

金西厓似乎并不创作书法，其传世书迹多为硬笔楷字，但从竹刻上的自书自镌以及木雕、印章、砚台上的款识，可以看到其书法也非泛泛。此外他的篆刻也颇见功力，本次展览展出其早年、中年的多枚篆印，可见一斑。笔者认为，以西厓的才情、品位与毅力，当年若投身书画，未必不能成就一番事业。

近代大诗人、散原老人陈三立（1853—1937 年）题《金西厓刻竹拓本》诗中写道："山竹剥新粉，温火发肤汗。剖割成杂皿，与世相媚玩。西厓技尤癖，错落填几案。时淬铁毛椎，一一镌其面……"说的是金西厓在雕刻扇骨以外另一类型的竹刻创作，包括各类竹制文玩器物如臂搁、笔筒、印规以至烟筒、手杖。这些作品或为自用自赏，或以馈赠友朋，虽然总数不多，但无不浸透着作者的心血。与雕刻定制的扇骨成品不同，这些文房器物有很多都是他亲手制作的。较之扇骨雕刻，从文玩杂器的创作中更容易体会出其对器物形制品种和立体雕刻技法的关注。

金西厓在竹刻艺术上有很强的高峰意识，并不满足于当时竹刻刻法日趋平浅、面目愈益单一的状况，认为这样的创作模式在很大程度上丧失了竹刻自身的审美意趣和艺术独立性。在经其甥王世襄整理的《刻竹小言》中，我们可以看到晚年金西厓对复兴我国竹刻艺术的思索与呼吁："雕刻为立体艺术，书画为平面艺术，岂可尽废立体艺术，而代之以平面艺术？故竹刻中书画之意趣若愈多，雕刻之意趣必愈少，竹刻岂能为书画之附庸哉！"实际上，在他的第一个竹刻高峰期，就创作了许多雕刻语言浓厚的作品，包括减地阳文、隐起阳文和陷地深刻等样式，可惜这类作风他并没有坚持下去，或许是受到以扇骨为主的作品体裁所限而致。金西厓遗憾自己 "于圆雕自愧试制不多，理解甚浅"，感叹 "竹刻之难，圆雕居首"，祈望竹刻圆雕能 "再振重光"。我们今天尚未了解到其圆雕竹刻的情况，但上海博物馆藏有其木雕象生果蔬一套，即为圆雕之作。金西厓曾谓："愚以为圆雕宜先从小品入手，便于习作。如遽尔大器，一生疵谬，兴致索然，遂难竟其事。倘能循序渐进，刻苦研习，则天下无难事，定能推陈出新，超轶前匠。"此套象生小品，无疑是其入手研习圆雕时的作品。

身为湖州人，金西厓在艺术上继承了杭嘉湖地区浙派文人竹刻的优良传统，十分重视作品格调的书卷气和讲求刀法上的金石味。他长年寓居沪上，与海派书画篆印诸大家时相过从，沾溉极深，又使他成为海派竹刻的健将。在竹刻艺术史上，金西厓可称后期文人竹刻集大成的人物，既是浙派竹刻的殿军，更是海派竹刻的中流砥柱。他除了留下数百件竹刻精品供后人欣赏、观摩和学习外，还深入进行理论探索，在全面总结竹刻历史与工艺的基础上为竹刻艺术的发展方向提供了极其宝贵的真知灼见。他的艺术成就无论生前身后都广受赞誉，而足称盖棺之论的是启功先生 "于五百年来竹人之外独树一帜" 的评价，就理论建树而论，五百年来竹人中亦只此一人。

1948 年夏，王世襄赴美之前在上海的舅舅家暂住，或许应聪慧而又博学的外甥之请，金西厓萌生了将自己关于竹刻的理论思考和实践经验加以整理的念头。1964 年，金西厓将平日有关竹刻的札记，包括《刻竹小言》初稿在内，寄交王世襄 "编次缮正"。此后，王世襄一面整理这批札记，一面搜寻文献资料与实物例证，同时就疑难处与舅父反复书信相商，最终将三数千字的初稿整理成今天我们所见到的《刻竹小言》一书。王世襄也在整理此书的过程中，对竹刻的工艺、历史与鉴赏学从浅解到精通，最终成为现代竹刻理论研究的泰斗。

《刻竹小言》由《简史》《备材》《工具》《作法》《述例》《述例续篇》诸章组成，是有史以来第一部对竹刻进行全面论述的著作，提纲挈领地奠定了竹刻历史与竹刻工艺学的叙述框架，尤其在四个方面取得突出的成果，即完整的竹刻发生学说、清晰的竹刻历史分期学说、系统的竹刻工艺学说和独到的竹刻艺术本体论，是一部篇幅虽小却体大思精的工艺经典。

关于竹刻的发生，金西厓指出，在上古时期，竹器就在人类的生活和生产中得到广泛运用，到了先秦时期，已出现具有文饰的、运用于典仪活动的竹制品；明确有别于一般器用而具有工艺品性质的竹制品，有文献可征者在六朝，有实物传世者在唐代；唐宋时期竹刻已具备多种技法，形成为专门艺术在明代中叶。在竹刻发生学说上，今天已获得了更多的资料，证明金西厓提出的观点是完全正确的。其关于竹刻发展历史的叙述，不再因循前人略述源流的泛泛之论，而是详为分析竹刻在发展过程中的风格变化与工艺流变，将明中叶以来进入专门艺术阶段的竹刻历史分为明代、清前期和清后期三个阶段。这是竹刻历史分期学说的首次出现，形成了竹刻历史叙述的基本框架，至今仍得到最大范围的接受和应用。金西厓从备材、工具和作法三个方面对竹刻工艺进行了全面的总结和细致的分析，他对"刻法名称"即竹刻工艺类别的分类，是迄今最适合于竹刻艺术实际情况的理论。他还力图揭示竹刻艺术的本质与特点，明确指出在审美要求和创作思路上竹刻不能成为书画的附庸，应重视和发挥竹刻作为三维雕刻艺术的本色。当时竹刻界津津乐道于以竹刻的刀法表现金石书画之平面性美感，虽然此种形式亦是金西厓最擅长的手法，但他仍能正视其利弊，表现出一代大家独立的艺术精神和谦虚的治学态度。正因有此卓见，金西厓在其史述中确立的那些历史上的竹刻巨匠，已成为今天文物界的共识，经受住了历史的考验。他的研究成果是建立在丰厚的

学养、广泛的阅历、深入的思考和高超的实践技巧之上的。

在《刻竹小言》中，金西厓将自己多年积累的刻竹经验和治艺体悟和盘托出，毫无保留地奉献给社会，真知灼见溢然篇目间。学界对此书给予极高的评价，一时名流题赞不绝。其中名画家惠孝同所题四绝之一最称精当："竹人两录有遗篇，未与金针度刻镂。五百年来传绝学，小言字字是真诠。"诗下自注："西崖先生《刻竹小言》，理论叙述阐究独详，竹雕艺术不坠于世，端赖是书矣。"此后王世襄先生毕生弘扬竹刻，理论依托全仗是书。今日竹刻艺术复兴之势已显，有志斯道者更不可不捧读《小言》，庶免野狐参禅之误与师心自用之陋。

艺术风格与雕刻技法

嘉定竹刻是在民间雕刻工艺基础上吸收院体与浙派绘画的营养发展起来的，作品以圆雕、浮雕、高浮雕等所谓"深刻"为特征，其特点是装饰色彩较强，纹饰丰满浑成、雕刻层次丰富、刀法劲健深厚。与之相对的，是所谓"金陵派"的"浅刻"风格。明末竹人濮仲谦（1582—？）擅长以浅刻法于水磨竹器上镌诗文花草，此种清新雅致的风格被后人推为"金陵派"，视作与嘉定竹刻并驾齐驱的艺术宗风，濮氏由此成为"浅刻"一派的开山祖。"浅"与"深"相对言，无论阴文浅刻、毛雕或薄意浮雕，皆凹凸不烈、起伏不大，注重平面美感的表达。

清前期竹人潘西凤在此风格的基础上融入金石之趣、书画之格，发为浙派竹刻之先声。乾、嘉以降，杭嘉湖、宁绍、台州地区竹人群体的出现，标志着浙派竹刻的成立。浙派竹刻广泛地吸收书法、文人画、画工画、碑版、篆印、金石拓本等多种艺术形式与造型技艺的养分，作品题材新颖、图式鲜明、刀法精练、格调高雅，集中展现了当时文人阶层的艺术智慧和审美趣味，成为清代后期文人竹刻的代表。同、光以还，随着上海的开埠和崛起，文人、画家、印人渐渐向上海集中，绘画上出现了"海上画派"。江浙竹人亦纷纷往上海鬻艺，海派竹刻由此发端，其主要的雕刻形式仍为"浅刻"。

"浅刻"并非单指阴文浅刻，而是涵盖了所有纹饰凹凸程度都不大的雕刻形式，包括凹下的阴文深刻、阴文

浅刻、毛雕、陷地浅刻和凸起的减地阳文、隐起阳文等。"浅刻"与书法、绘画等平面艺术联系密切，是文人竹刻中的主流。即使以圆雕、透雕、高浮雕等"深刻"为特色的嘉定竹刻，在周颢以后的清中晚期也倾向于"浅刻"了。"浅刻"中的阴文以方圆刀结合刻画点线来表现物象，根据刀痕的深浅有深刻、浅刻、毛雕之分。阴文最适合用来表现中国书画的笔墨痕迹，因而极受擅长书画的文人竹刻家的青睐。"浅刻"中的阳文，分为减地阳文和隐起阳文，这两种雕刻形式主要用来表现钟鼎彝器、泉鉴符牌、甲骨砖瓦等金石器物及阴款阳识等铭文。一般而言，"浅刻"专就竹肉雕刻而言，属于竹皮雕刻的留青阳文并非严格意义上的"浅刻"。不过其与减地阳文在手法上多少有相通之处。留青阳文综合了减地阳文、阴刻和绘画中的"退晕"效果，利用竹青与竹肉在肌理与色彩上的差异分别纹与地，借竹筠的去留多少形成微微高起的花纹并分出浅深层次，饶具墨分五色的绘画效果。

浙江地区的竹人无一例外率皆专工"浅刻"，金西厓则精通几乎全部的"浅刻"工艺。从其传世作品来看，除未见方絜一派的陷地浅刻外，无论阴文深、浅刻与毛雕，以及阳文中的隐起阳文、减地阳文、留青阳文均极为擅长，不仅在艺术风格上形成强烈的个人面貌，在工艺技巧的高度上与前代大师相比亦不遑多让。

先来看"浅刻"中的阴文系统，即毛雕、阴文浅刻与阴文深刻。金西厓指出，"阴文雕刻，最细最浅者曰毛雕，言其细如毫发也"。传统的毛雕，是以极细的阴文线条刻画纹饰，比如漆器上的戗划花纹和象牙器上的细刻，都是典型的毛雕。金西厓的竹刻创作从不单纯地使用毛雕技法，他反对当时享有"浅刻毛雕"大名的于啸仙一路纯粹依靠微细的刻工表现书画的作风，认为其"不为真鉴者所赏"，而是主张利用毛雕技法长于表现人物须发和鸟兽羽毛的特性，与其他深浅阴文刻法配合使用构成画面。同样，在对待阴文深、浅刻问题上，他也是从艺术效果出发加以运用，而并不囿于某种先验的雕刻样式。他反对当时世俗有阴文浅刻"越浅越难、以浅为贵"的认识，认为应该按照书画风格的不同来加以选择，飘逸姿媚之风自应出以浅刻，而沉雄凝重之态则非深刻无由体现。这就反映出

他从艺术着眼灵活运用技法的高明态度，摆脱了雕刻匠人习惯从工艺角度炫耀某种特定技法的创作倾向。他特别提醒学者，"阴文中最基本之刻法为深刻，惟虽曰深刻，几无不兼有浅刻，所谓深刻，乃就其刻痕有深处而言，以别于浅耳"。他还进一步说明，"深刻虽为阴文，用雕画本，却往往阴中有阳"。这些不主故常、按需行刀的观念通过他的一系列阴文刻件得到体现，观者不妨仔细推敲本书中的大量作品，必能有所体悟。再说"浅刻"中的阳文系统。当其所处时代，阳文雕刻同样讲求浅细精微，职业竹人无不以能为纤小之工而炫技惊俗。阳文竹刻中能为纤细之容者，即是隐起阳文和减地阳文，在当时也称为"薄地阳文"。对于这类"薄地阳文"，金西厓同样用辩证思维来看待，他说："薄地阳文之刻得好否，须看其阴文刻得如何……凡阴与阳，均不能独自存在，雕刻亦然。"正如所言，金西厓凭借深厚的阴文刻功，将这种浅细的阳文雕刻运用得出神入化。1932年的摹刻小克鼎铭臂搁是集中体现其缩刻书法功力的作品，所用技法即为糙地隐起阳文。臂搁上方以阳文缩摹善夫克鼎铭七十余字，底作胡桃地，下方阴刻褚德彝题记二百余字，褚德彝赞为"银钩虿尾，毫发不爽，芷岩、云樵不能专美于前"。1933年所刻摹泉币八种扇骨以隐起阳文摹刻古泉币两组八种，错落相叠，泉币之器形、铭文、花饰及斑驳锈蚀处，惟妙惟肖。金西厓盛赞周之礼摹刻金石"与拓本较，不差毫黍"，其自身水平亦堪与之旗鼓相当，至于高华雅赡之气犹在周氏之上。

在金西厓所处的时代，留青的退晕法已经十分成熟。有意思的是，对绘画赋色很有感觉的他在运用留青阳文时，却并不青睐那种借青筠去留多寡呈现色差以表现水墨渲染和色彩变化的退晕技巧，这或许是他警惕于"书画之趣若愈多，雕刻之趣必愈少"而有意为之。其留青阳文之作，往往大面积保留青筠形成物象，物象轮廓内部则仅仅依照画稿线条出以阴文，别有一种爽朗、清简的美感，其绝精之作可举饯春图臂搁与褰篘庐图臂搁为例。关于饯春图臂搁之妙，王世襄先生在《刻竹小言·述例》的"续编"中有过详细的解说，也能在这次展览中见到原作，似已不必多言，这里介绍一下褰篘庐图臂搁。褰篘庐是金西厓好友、名画家吴徵的斋名，1940年（庚辰）的深秋，金氏

为吴氏雕刻完成了这件作品。此作仅用"圈边"的方法将墨稿的笔墨轮廓保留在青筠上，空地则用薆衣地填满。其中密密匝匝、层层叠叠的介字点、竹叶点，都只依靠阴文线条圈边钩廓来表现其前后关系，处理起来难度极大，但金西厓却能做到繁而不乱、满而不塞、匀而不平。这件作品最为高明的地方，就是运用竹刻中最基础的"圈边平底"刻法与工艺性极强的"糙地法"——这两种极易陷入工艺化僵局的雕刻手段，来表现浓皴大点的文人大写意之作，并取得巨大成功。这是一种令人为之咂舌的大手笔，启功评论金西厓竹刻云："至其刀痕之细……何殊穿杨贯虱之精也。然于浓皴大点，又复大刀阔斧，如见湿墨淋漓。此岂寻常雕虫之技所可同日语者哉！"（见启功为《刻竹小言》题词）虽然是就阴文作品而言，移之以评此作亦称允当。

"浅刻"之外，金西厓亦曾探索"深刻"手法，特别是早年的几件陷地深刻臂搁，将传统技法与新的造型观念相结合，为竹刻开一新境，今天仍能给人以启发。1922年，他为了寄托对先父的思念，将父亲的遗照摹刻于竹。这件作品采用了陷地深刻法。陷地深刻传统上用来表现花卉题材，从无用来表现人物，更不用说肖像写真。金氏此作，显然受到方絜以陷地浅刻法雕肖像的启发，而易之以深刻。褚德彝《竹人续录》称此作"得其神似，洵竹刻中能品也"。他也用同样的技法雕刻了有记录的唯一一件砚石，即1927年冬天作的张石铭小像砚。

竹刻是工艺美术之一品，任何竹刻创作者都不可能脱离材质之美与工艺之巧，仅仅依靠艺术创意而产生杰作，亦不可能脱离时代所能提供的材料基础和历史所形成的技术传统来开展创作。民国时期折扇文化风头正劲，扇骨制作工艺尚能延续清代以来的质量水准，金西厓雕刻所用扇骨皆为当时上品。但同时的竹筒雕与竹根雕则概系商品制作，所取毛竹大根，粗松燥涩，难入雅赏；杭嘉湖地区的文人竹刻，也并没有创作竹根圆雕的传统。这就是金西厓笔筒之作难得而竹根之制罕睹的主要原因，其品相最好的一件笔筒——留青阴阳文梅窗图笔筒，还是金城从日本给他带回来的成器。1922年冬，金西厓携妻游山，得到一段龟甲竹，十分喜爱，将之制作为臂搁和笔筒并加以雕刻，说明其是很感兴趣于亲手制作竹刻"大器"的。但当时的交通条件和家族生活的现实恐怕不允许让他一头扎入山林，去"伐材于渭亩，采植于淇园"（清人汪价《竹笔斗赋》中句）。不妨说，由于晚清以来嘉定竹刻作为产业的整体衰落而导致的高档竹材供应与竹器制作出现断层，使金西厓的艺术探索与竹刻事业未能在更大程度和更高的水平上获得基础产业的支持，尽管他长期生活的上海其实与嘉定近在咫尺。否则，以金西厓的悟性、见识与创造力，迟至20世纪末才渐露曙光的竹刻艺术复兴事业一定会开始得更早一些。

（注：作者为上海博物馆研究员、工艺部主任）

徐森玉先生与上海博物馆的古籍事业

柳向春

徐森玉（1881—1971年）先生是中国当代著名的目录版本学家、文物鉴定家，可惜的是，他一生中大多数时间，都是为了国家的古籍、文物事业，仆仆道路，席不暇暖，直至年过八旬，才在年轻同志的帮助下，写过几篇论文，而其一生所学，大皆并无传承，甚为可惜。其外孙女王圣思教授曾言："外公一生大半是以实地考察古迹、当场鉴定版本目录金石碑帖书画为主，与友人则以即兴交谈、书信往来为多。"可谓实录。因此之故，徐先生对于古籍、文物方面的研究心得，竟险成广陵散，实在令人感喟不已。幸而在其晚年，曾得英才弟子而教育之，才使得其满腹经纶略得流传，可谓不幸中之大幸。

徐森老之接触古籍、文物，应是始于青年时期就读于山西大学堂之时。崭露头角的森玉先生，受到前辈如山西学政宝熙的赏识，得以与其畅论古今，并纵览其所藏，奠定了扎实的传统文化基础。以此为出发点，后来又得以进入学部，正式参与相关文化事业，先后任职京师图书馆及后来的北平图书馆、北京大学图书馆、故宫博物院、上海文管会、上海博物馆等处，对相关文物、古籍事业都尽心尽力，也因而奠定了他在文博、图书馆界的崇高地位。徐森老自而立之年开始投身文化事业，奋力于此间达一甲子之久。如今两岸之文物、古籍布局，多与森老当年举措相关，其一身所系可谓重矣。森老晚年先后主持上海文管会、上海博物馆，筚路蓝缕，最终奠定上海博物馆作为世界知名博物馆之基础，使得上海博物馆享其余荫至今，着实令人感佩。

七十年前，在当时的上海文管会主任徐森玉先生的主持下，上海博物馆正式成立。至1953年7月10日，文管会召集委员会议，讨论图书、博物两馆与文管会分家事宜。初议上海文管会迁回天平路办公，主任委员拟郭子华（山东省府主席），先生副之。图书、博物二馆独立，图书馆长车载，副馆长李芳馥；博物馆长拟曾昭燏兼，副馆长杨宽。至7月24日，上海图书馆脱离上海市文物管理委员会领导，改隶上海市文化局。8月，上海市文物管理委员会更名为上海市人民政府文物管理委员会，会址迁至天平路四十号。但在二馆独立之际，文管会实际上曾有将数年搜罗、征集、捐赠之文物、图书分家之举，大概而言，除与古代艺术密切相关的文献之外，其他古籍、碑帖均划归图书馆所有。虽然当年上海博物馆所分得之古籍、碑帖相对而言数量甚少，但现今上海博物馆的古籍、碑帖收藏，就是以此为基础之一发展起来的。

1960年11月，徐森玉先生以上海市文管会主任兼任上海博物馆馆长，沈之瑜副之。自此而后，森老便于上海博物馆各项事业的发展，更加负有直接责任。而其对上海博物馆古籍事业的贡献，应该来说除了本身作为领导所需要承担的本职工作之外，还有两点特别值得注意，一是对古籍人才的培养，再就是对相关门类古籍文献的搜集和文献体系的建设。而这两点，显然是徐森老从事文博图书馆事业数十年来一直念兹在兹，并着意留心培养和建设的，充分展示出他宏观的视野和开放的格局。

人才培养

上海博物馆已故副馆长，著名的陶瓷、钱币、碑帖文献研究专家汪庆正先生，在大学毕业后进入上海文管会不久，就成了徐森老的学术助手。我们现在所能看到森老六篇仅见的学术论文，都是与文献相关，基本都是在汪先生的配合下完成的，如《宝晋斋帖考》《兰亭续帖》两文，就明确说明是请"青年同志"帮忙的，而这个"青年同志"，主要指的就是汪先生。汪庆正在《隋龙藏寺碑》一文中曾经说："我在徐森玉师的指导下，将这个本子（上海图书馆藏《龙藏寺碑》）作了一次校勘。"汪氏又有《东汉石刻文字综述（上）》《南朝石刻文字概述》两文，显然是在徐森老《西汉石刻文字初探》一文基础上的进一步延伸，可以直接反映森老对于汪先生学术方面的影响。汪先生曾自述云："我在 20 世纪 50 年代中期，曾追随森老学习碑帖……"又说："1961 年陈叔通先生携宰平先生的《帖考》手稿来沪，希望在沪出版，先师徐森玉先生命我以他的名义多方奔走，由于当时的环境，未能如愿，《帖考》手稿置我案头半年以上……1962 年，徐森老作一短序后，连同原稿退还北京……"还说："上海市文物管理委员会在 20 世纪 50 年代后期，在徐森玉师的主持下，命我联系原北京庆云堂的张彦生先生以三千元的巨款征集到宋刻宋拓的《宝晋斋法帖》一套（现藏于上海图书馆），传世所见其他《宝晋斋法帖》是明翻本，内容全异。"又说："我从 20 世纪 50 年代开始师从徐森玉先生学习碑帖以来，陆续看到了很多流散到日本的中国古代书迹的珂罗版印本……"都可反映出数十年之后，汪先生于老师教诲之念念不忘。不仅如此，汪先生在传道授业之时，也常常会想起老师的栽培之功，

如 2022 年 1 月 28 日，汪氏弟子复旦大学刘朝晖教授曾见告："汪先生当年和我说起，陈（梦家）先生是他大师兄。学术他有不懂的，徐森老会叫他先去请教陈先生。"能看出徐、汪二人之师生情谊。在他的传授、教学的过程中，也会学习他的老师徐森老当年的方法，来着意培养年轻人的某些方面的技能，如 2022 年 12 月 1 日，其弟子原上海博物馆副馆长、现世茂文化公司总裁、福建省世茂海上丝绸之路博物馆馆长李仲谋先生见告："（汪）先生经常有意把一些文物爱好者或收藏者给他的来信交给我们一些年轻人代他回复。记得有一次他把信交给我的时候，说：'我以前做徐森老的秘书时，他就常常把各种各样的信让我回复。那时各个领域乱七八糟的都有，很多根本都不懂。你怎么办？只好硬着头皮做，回去赶紧查数据想办法写好回信。还不能马马虎虎，徐森老要在最后再看一遍。但这样非常锻炼人，对扩大知识面和深入研究帮助很大。'就这样，几年来我代先生回了不少信，每次写好后，都拿去给先生过目，先生很认真地看，提出他的修改意见。"尤其值得一提的是，汪先生晚年尽心尽力所购之安思远旧藏《淳化阁帖》，经汪先生考证，为存世"最善本"，而细绎其论证之最要之处，就是利用了拓本中所存《阁帖》刻工一事。众所周知，利用刻工来断定版本，正是古籍版本学之重要手段之一。此又可见汪先生活学活用，善于将森老所授，扩展利用，横向比较，终究夯实其论点的高明与巧妙。作为业界的标杆人物，汪先生后来虽然并不以古籍、碑帖方面的专长为人称道，但他显然是起步于此，并时时刻刻以当年森老所教诲的古籍、碑帖知识为出发点，经过自己多年不懈的努力，才最终成为文博界的一代传奇。而古籍、碑帖事业，其实也是汪先生一直所留意和瞩目的，无论是上海图书馆的翁氏图书回购，还是上海博物馆的龙舒郡本《王文公文集》、钱镜塘旧藏明人尺牍、《淳化阁帖》最善本、甲戌本《石头记》，都是在汪先生的力推之下，才最终得以化私为公，成为国家所藏的。除此之外，汪先生对于上海博物馆的古籍、碑帖方面的藏书建设，也多有指导，一直用心用力。这些都可以看出徐森老对文献用心的态度在他身上产生的影响。

文献建设

上海博物馆古籍、碑帖收藏来源较为广泛，主要有四大类型，即从旧上海市立博物馆接收者，从上海市文物管理委员会移交者，各收藏家及其家属捐献者，以及建馆以来陆续征集购买者。而此中又尤以从上海市文物管理委员会移交者为多。1949年8月，时任上海市市长的陈毅元帅命组织上海市文管会，下设图书、古物二室及一征集组，聘柳诒徵先生任图书组主任。此时征集、辨别、分类、著录图书之各项大概，皆可见于柳先生之《劬堂日记钞》及《检书小志》中。而当时征集之典籍，虽然大部分在20世纪50年代初上海图书馆建成后移交，但仍有部分遗存，构成了现在上海博物馆所藏古籍之基础。除此之外，上海博物馆所藏古籍的另一主要来源就是诸位收藏家及其家属的捐赠，如现存古籍封底多有注一"荫"字者，就是著名收藏家李荫轩先生的旧藏，1979年随同李先生其他藏品一起捐赠上海博物馆的。而老馆长徐森玉先生的旧藏，则在封底都注有"徐森玉"字样。

根据《上海市文物保管委员会会史（初稿）》介绍，在1953年上半年将文管会文物图书分别划拨上海图书馆和上海博物馆之后，至1958年9月份止，又接管图书共达二十二万一千四百五十五册之多。当然，这之中主要是普通图书为主，但也包括了不少的"善本和珍贵善本"；又有一些藏书家如金山高氏、金山姚氏、海宁朱氏、平湖金氏、吴江薛氏和刘晦之、柳亚子先生等等先后捐赠藏书于文管会。这些书中，不少都是罕见的抄本、刻本、校本和稿本，共计三十批次，二万六千三百四十二册；当时文管会收购的各类善本又有一千三百一十一种，六千二百六十六册。所有这些珍贵的图书、拓本等，后来大都又拨交给了上海图书馆，但仍有一些留存于上海博物馆中，如开宝八年吴越国王钱俶刻杭州雷峰塔出《陀罗尼经咒》、明清以来各家诗翰数千通等。当时又以上海文管会名义先后影印元郭畀《客杭日记》、清初刻本《赵定宇书目》等，使得这些珍贵文献化身千百，不虞放失。这些都反映出包括徐森老在内的文管会、博物馆领导对于文献的重视。

徐森老个人对于上海博物馆的文献建设方面的贡献，则主要体现在两个方面，一是他身体力行参与文献的征集，一是在其逝后其家属将其家中所藏文献全部捐献于上海博物馆。

关于徐森老亲身参与文献征集一事，因资料缺失，现已难于一一重述，但关于他当年力主征集《萝轩变古笺谱》一事，据方行《文献选编二三事》一文中的记述，就很能代表森老对于文献之重视。方行在文中写道："'文革'前，浙江拿来一部书，请徐森玉鉴定。徐森玉是上海博物馆老馆长、版本专家，老夫子那时已经八十多岁了，一看到书竟跳了起来，叫道：'此书居然还在人间！'那书就是《萝轩变古笺谱》，是明朝天启年出版，这可是孤本了。书鉴定完，徐森玉不肯还了，要留在上海。人家是来鉴定的，不是来卖书的，但老头子无论如何不肯还。当时浙江宣传部的部长是上海调去的，我建议去找石西民，因为石西民原来是上海市委宣传部的部长，浙江的那个宣传部长先前是他的部下。徐森玉就说要去拜望石西民，我说他很忙啊，徐森玉说没关系，我六点钟到石西民家门口去等好了。后来石西民找到我，说：'老方，那个老头子找我要干嘛？'我说如何如何，石西民说：'让他千万别来啊，他老夫子六点钟等在我门口不像话啊。'我就对石西民讲了书的事情，请他和浙江讲讲看，让浙江省委压下去。浙江省委和对方商量后说，实在不行就交换吧。开价大得很，要十六张明清书画，郑板桥是最起码的档次。我们'上海博物馆'一口答应。这才换来了这本《萝轩变古笺谱》。"《萝轩变古笺谱》一书在1963年归上海博物馆所有之后，在次年的2月，文物出版社就来联络影印出版，并获得了徐森老的支持。到了6月，朵云轩又来联络，希望能够复制出版。但之后因国内政治形势变化，这一想法直至20世纪80年代初才在方行主持下得以落实。

另据上海博物馆前馆长陈燮君撰文云："汪庆正先生曾动情地说：'我的老师徐森玉说过，今后有几件东西一定要弄回来……《淳化阁帖》出去了，不知道在哪里，以后一定要弄回来……这四卷《淳化阁帖》是中国帖学的祖宗，如果不买回来，那么中国帖学之祖就不在中国。'20世纪80年代，消失多年的《淳化阁帖》出现于香港的一次拍卖会上，立刻引起国内文博界的极大关注。可惜当时由于国家百废待兴，没有余力收回这件国宝。后来又几经辗转，这几卷《淳化阁帖》被美国的安思远在纽约市场上拍卖购得。2002 年，上海博物馆举办了轰动一时的'晋唐宋元书画国宝展'，之后从美国传来消息：年事已高的安思远先生看到了展览报道，有意出让珍藏多年的《淳化阁帖》，希望在有生之年，让这件文物回到中国的怀抱。此时上海博物馆副馆长汪庆正先生立刻意识到了机会的难得。数十年来，他从来不曾忘记徐森老的嘱托和牵挂，也一直密切关注着《淳化阁帖》的动向。"可见，此一最负盛名的《淳化阁帖》"最善本"的回购，其实也是一桩弟子使得老师多年夙愿得偿的佳话。又据郑重《王安石两种遗作的回归》一文中描述："对于这段历史情节，作为徐森玉的秘书汪庆正，当时他和徐森玉、谢稚柳在一个办公室，他回忆：这两件东西在'文化大革命'之前，大概是 1962 年左右，徐森老就曾想办法去弄回来，谢公（稚柳）也知道，就在办公室里不止一次谈这件事情。正好那天北京图书馆的赵万里来上海，他就把我拉出办公室说：'小汪，我跟你打听一件事情，听说你们在寻王安石手书经卷和《王文公文集》？'我说：'是啊。'赵万里说：'《王文公文集》这件东西，你无论如何跟徐森老说说，要拿到北京去，不能留在上海，这是全国最重要的东西。'我说：'你太心急了。'赵万里就说：'我请你吃饭。'其实这件东西是想通过徐森玉的儿子徐伯郊去寻找，还只是停留在口头上，没有实施。赵万里觉得指望我是不行了，他就回到办公室亲自跟徐森玉讲，说：'今天我请客。'徐森玉说：'哪里去吃？'当时上海请客最好的地方是红房子，赵万里说：'在红房子。不过有一件事情，《王文公文集》要拿到北京去，徐森老，你一直是北京图书馆的保护神，这个东西你一定要给北京图书馆。'以前，徐森玉与赵万里的关系非常好，赵万里是学生辈的人物，比徐森老差一辈。听了这话，徐森老一下子从椅子上跳起来大叫：'你放屁，你只知道把什么都弄到北京去，你做梦，绝对不行。'谢公（稚柳）就在边上打圆场说：'八字还没一撇，你们闹什么，森老，你坐下来。'徐森玉坐了下来。赵万里跑到徐森玉身边，也坐下来，用手摸摸徐森老的光头，就说：'平

平气，平平气，以后再谈。'徐森玉说：'没什么好谈的。'赵万里同徐森玉的关系非同一般，从来没有人敢在徐森老的头上摸。然后四个人就一同到红房子吃饭。这也表现老一辈人对文物的热爱，都有着志在必得的决心，但彼此间的人情味很浓。"这些例证，都可以反映徐森老对上海博物馆文献建设方面的贡献，而尤其令人欣慰的是，《王文公文集》这部海内孤本，终于在森老逝世十余年后，也入藏了上海博物馆。

1971 年，饱经折磨的森老以九十岁高龄逝世。十年之后，其家属在 1981 年 3 月、4 月分两次将退还之森老被抄物品捐赠于上海博物馆。其中有各类碑拓二百五十余，虽然都是学人之藏，不以珍拓、善拓见长，但也有一些较为珍贵的藏品如明拓《不空和尚碑》、清初拓《雁塔圣教序》并记、近拓《太武皇帝东巡碑》等。尤其值得一提的是，其中包括了自 20 世纪 20 年代以来重新发现的几乎全部汉魏石经残石拓片。这些拓片的很多原石今已不知去向，因此弥足珍贵，对于学术研究，意义尤深。森老旧藏古籍文献的准确数量，一时还没有准确的统计数字，不过其中有一些善本，如宋刻《晋书》一百三十卷存一卷（六十九）、元泰定元年（1324）梅溪书院刻本《类编标注文公先生经济文衡前集》二十五卷、元至正二十三年（1363）朱元佑刻明修本《鄂国金佗粹编》二十八卷、《续编》三十卷、元余氏勤有堂刻明修本《分类补注李太白诗》二十五卷存二卷（一、二）、明万历十三年（1585）林及祖、林大黼刻本《见素集》二十八卷等，都使得上海博物馆藏品质量增色不少。尤其可观的是，森老的普通古籍收藏中的目录题跋类藏书，不仅丰富了上海博物馆的古籍收藏，还成为上海博物馆古籍藏品中的一大特色。徐森老早年曾具名呈报申请组织三时学会，并奉河间韩清净为会长。该会以讲习、研究、译述及刻印印度佛教经藏为重点，并举办救济、施医等社会慈善事业。森老藏书中，包含数部三时学会的珍贵出版品，如韩清净的名作《瑜伽师地论科句披寻记》等。据该书 1959 年 7 月 3 日出版后记："《瑜伽论披寻记》七十万言，以阐发《瑜伽大论》奥义。本会前理事朱芾煌居士于此撰业，襄助甚多。书成后，韩、朱两居士先后逝世。本会马一崇居士又就遗着《科句披寻记》

加以汇编，并准备刊印。马居士又于去年逝世。同仁以此书刊印不容再缓，因用打字印刷百部行世。义学益明，法流广布，一切见闻，同沾利益，是为记。"事实上，这部名著的出版，与森老有莫大的关系。这些典籍的存在，不仅保存了珍贵的佛教文献，也是研究森老佛教思想的重要实物见证。

总而言之，正是在徐、汪等为代表的几代上海博物馆人的努力之下，上海博物馆的古籍、碑帖收藏，逐渐为世人所瞩目。2005 年 2 月 7 日，当代著名文献学家、国家古籍整理出版规划小组成员、复旦大学古籍保护中心主任吴格教授曾在深入调研上海博物馆图书馆古籍收藏之后，撰写了《关于敏求图书馆古籍工作的调查与建议》一文，其中就图书馆的藏书建设评价道："本馆古籍藏书，具有门类齐全、特色明显、利于研究之特点。（1）门类齐全，指四部典籍（含线装及影印本）基本配备；（2）特色明显，如金石类、艺术类、图谱类典籍搜罗丰富；（3）利于研究，指目录、版本、检索类工具书收藏较完备；（4）馆藏文献中未刊稿本、抄本具有整理影印价值者不少；（5）利用以上文献资源，具备发展为研究型图书馆之条件。"吴先生的这一评价，准确地反映了自徐森老以来，几代上海博物馆古籍工作者多年的辛勤耕耘成果，也成为我们继承森老等先辈的遗志，在今后继续努力和不断前进的动力。也是因为如此，上海博物馆于 2008 年成功入选为国务院颁布的第一批全国古籍重点保护单位，并在上海博物馆同仁的努力之下，成为上海乃至全国古籍整理与研究的重镇。

小文方撰毕，惊闻森老幼子文堪先生在缠绵病榻数年后，又不幸身染恶疫，转阳三周后辞世。文堪先生家学渊源，温文尔雅，于我每次请教，皆不以为烦，至今思之，不禁腹痛。

（注：作者为上海博物馆研究员）

南北争购"庞虚斋"

陆　剑

庞莱臣根据自己的收藏鉴赏标准，沙里淘金，历时近半个世纪购藏了数以千计的历代绘画精品，毫无疑问地成为国内私人书画收藏的冠军。据说，民国时期西方人购买我国名画，往往以有无"虚斋"收藏印来鉴别真伪，决定是否购买（庞莱臣藏画之室名曰虚斋，凡所藏画，均钤以虚斋印款），可见其鉴赏之精、收藏之多、影响之大，亦从侧面见其藏品散佚海外之巨。有道是"自天下之大言之，则失于此者得于彼，散于私者聚于公""多藏必厚亡"。在那个风云变换的乱世，庞氏"虚斋"的收藏也难以摆脱最终流散的命运。

1943 年，对于庞家来说是一个特殊的年份。这一年家里出了两件大事，头一件当然是老太爷庞莱臣的八十大寿，而另一件影响更为深远，就是老爷子在这年立下了遗嘱。这份遗嘱写于 1943 年 7 月 24 日，名曰《赠与契约》，是庞莱臣口述，庞家的门客、画家樊伯炎写在一本八开长形折叠式的册子上（材料由甲乙堂提供），共有一式四份（一个正本、三个副本），开头便云：

　　余家自先光禄公创业后得承余荫垂五十年，兢兢自守，幸能保存。今捡先光禄公遗产及余历年自置财物，尚属□细。丙子三月遭丧明之痛，心绪郁塞，

曾拟将现存确实财产估计总额的定数目分赠与家属。但经数年之勾稽核算，未能全部竣事。人逢兵祸，浔、苏、杭、沪四处产业损失甚巨。今余年届八十，亟应完成始愿。乘余生前余暇，自立赠与笔据，以昭慎重。兹将赠与各项列款于左……

老爷子是明白人，他自知年事已高，为避免其子孙在他身后为遗产发生纠纷，他事先立了这个遗嘱。但背后更重要的原因是，为了避掉当时政府对遗产抽税。庞莱臣晚年还有巨大的产业，可他惟一的儿子庞锡宝已不幸于1936 年 3 月去世。因此，他的遗产只能留给嗣子庞秉礼和两个年幼的孙子，这里就有房产、古玩和书画。《赠与契约》共有七条，第三条开始才讲到虚斋的藏品：

　　三、书画各件余积五十年之收藏，原来为数甚多，分置浔、苏、沪三地住宅之内。民国廿六年中日战事发生后，浔、苏沦陷，劫后检查十去七八。综余一生心血精神所寄，遭此损失，思之痛心。虽于战后稍为络续补购，然为数甚微。平日复为充慈善等事而估去者亦不在少数。今将所存各件悉数赠与秉礼、增和、增祥三人。惟此项物品为余生平酷嗜，

并为娱老之计。在余生前应仍置余手头以供清玩。如在余生前再有购进者，则亦一起归入即系赠与之品，不再另外分置。

　　四、瓷器古玩为数虽少亦概赠与秉礼、增和、增祥三人。

　　五、上述各项赠与财物在余生前一概须得余之同意始可处分，余有自动处分之权，房屋地产一概不予分割，书画古玩亦须听余处置，以后三人如何分存，则为余身后之事，由彼三人共同商决行之。

从遗嘱上看，虚斋的藏品被分作了三份。但事实上，后来包括书画在内的所有遗产均被分成了四份，另一份是共有财产，暂由老太太（庞莱臣的继配夫人贺明彤）监管。1949 年 3 月老爷子去世后，由庞莱臣的堂弟庞赞臣见证分家析产，此后"虚斋"藏品开始大规模流散。

其实，早在庞莱臣生前"虚斋"藏品就已经开始外流，一部分流散到国内私人收藏家手中，一部分则流散到国外各公私收藏机构。其中以流入美国各大博物馆为多。按说庞氏家大业大，即便到抗战时期亦不是缺衣少食之辈，既然"嗜画入骨"，为何又出售名迹？这一直是收藏界的一个谜。抗战爆发前，庞莱臣的藏品主要经张静江、卢芹斋、张启隆等人之手或另外的渠道流散海外。张静江是民国名人，又是庞莱臣的外甥，这就有机会接触"虚斋"的藏画。他与乃兄张弁群合作经营通运公司，同时兼营古玩珠宝，以庞莱臣的收藏为依托，向海外出售。张静江又曾经与大古董商卢芹斋在法国合伙开设了"卢吴公司"，经营古玩业，依靠庞莱臣等收藏家的收藏打通欧美艺术市场。庞莱臣旧藏流散海外的名迹，如郭熙《溪山秋霁图》、李山《风雪杉松》、龚开《中山出游图》、钱选《来禽栀子图》（1917 年被此馆收入）、吴镇《渔父图》、沈周《江村渔乐图》、史忠《晴雪图》（以上均流入美国弗利尔美术馆）、钱选《草虫卷》（美国底特律美术馆，1929 年被此馆收入）、董其昌《仿古山水》（美国纳尔逊—阿特金斯艺术博物馆）、王原祁《仿倪瓒设色山水》（美国克里夫兰美术馆）等，都是通过这种渠道流散出去的。

1949 年前夕，国内许多资本家和富商都迁居中国香港、中国台湾乃至海外，但庞氏后人拒绝了种种安排，基本都留在了大陆，这就确保了"虚斋"藏品的主体部分留在了大陆。据庞莱臣的曾孙女庞叔龄回忆："1949 年曾祖父过世后，家里面比较乱，在 1949 年前夕，侄子庞秉礼因是孙立人的秘书，他来动员我曾祖母要全家搬迁中国台湾，当时画已经全部装箱，部队的军车也联系好了。最后一天曾祖母、父亲还有一个叫沈哲明的总管一起商量。最后，认为去中国台湾不合适，孤儿寡母的在中国台湾很难保存好曾祖父这一辈子的心血，他仍感到庞家的根应在大陆，在江浙。或许真是在冥冥之中有一种无形的力量，将这批珍品留在了大陆。"

中华人民共和国成立后，"虚斋"藏品不再具备向海外散佚的客观条件，而对于"虚斋"这样品位的收藏，无论是北京方面还是上海方面，都把其列为重点征集的对象。于是，一场南北争购庞虚斋的"战役"上演了。

庞家的后人大多居于上海和苏州，上海有地利之便，1950 年上海文管会便开始到庞家征集古画。当时上海文管会的人员中，除了主任徐森玉（南浔区菱湖镇人）与庞莱臣有交往外，其余只有谢稚柳曾由庞秉礼陪同在庞家看过董源的《夏山图》等名迹。于是征集庞莱臣遗藏的任务就落在了谢稚柳的身上。谢稚柳会同李亚农迅速行动，找到了当时庞家的当家人庞秉礼（当时庞增和与庞增祥都未满二十岁），先后三次到庞家看画，并连续征购了两批书画：

1951 年 1 月 13 日收购的有：《西湖图》卷，董其昌的《山水》册，任仁发的《秋水凫鹭图》卷，周臣的《长夏山林图》卷，倪瓒《溪山图》轴等。

1951 年 3 月 14 日收购的有：钱选的《浮玉山居图》，仇英的《柳下眠琴图》，唐寅的《古槎鸲鹆图》，文徵明的《石湖清胜图》，柯九思的《双竹图》，张中的《吴淞春水图》，倪瓒的《渔庄秋霁图》，戴进的《仿燕文贵山水》，王冕的《墨梅图》等。

这两次购画，主要是庞秉礼和庞增祥分得的部分，收购的价格近七万元。

1952 年秋天，徐森玉又来庞家看画。这次庞家把苏州庞增和的画也运到上海，数目连同上次看过的画，总计约六百件，最后选择了其中的一些精品收购，价格总共十六万余元。

这年的 12 月，庞秉礼、庞增和、庞增祥三人又联名将一批文物捐献给了上海博物馆，其中最著名的是宋人朱克柔的缂丝画《莲塘乳鸭图》，堪称艺术珍品。该图长 107.5 厘米，宽 108.8 厘米。画面生动活泼，色彩富有变化，红叶白鹭，绿萍翠鸟，蜻蜓草虫，双鸭游乐，白鹭鸟神情精灵剔透，一雌一雄双鸭游哉悠哉。青石上缂制隶书小款"江东朱刚制，莲塘乳鸭图"，画面左下角有"克柔"朱红印一方。此件缂丝幅式很大，组织紧密织细，丝缕匀称，层次分明，制作工巧，生意浑成，可谓巧夺天工。他们的捐献书，读之犹如一篇美文："我国刻丝艺术溯自周汉，盛于唐贞观、开元间，至赵宋徽、高二朝，炯烂光辉，精致绝伦，可谓臻尽善尽美之境。但以其刻制复杂，一幅之成，穷年累月，犹恐未能竟事，至其精品之流传，自更珍稀……自先人收藏以来，几经灾劫，坚贞保持，得无毁失。值今全国解放，此种天壤瑰宝，不敢再自珍秘，亟宜献捐国家，公诸人民……庶使我民族所特有之艺术发扬光大，垂辉千古。其意义之深长，较一家一己所私有，不可同日语矣。"

过了一年，也就是 1953 年，北京才要上海送庞莱臣的遗藏目录（上海文管会已经征集的都不在此目录之列），当时国家文物局局长郑振铎在对目录加以研究后即致信徐森玉，信中说：

> 庞氏画，我局在第二批单中，又挑选了二十三件，兹将目录附上："非要不可"单中，最主要者，且实际"非要不可"者：不过（一）沈周《落花诗图》卷（按此图已归南京博物院庋藏），（二）文徵明、张灵《鹤听琴图》卷，（三）仇英《梧竹草堂图》轴，（四）仇英《蓬莱仙弈》卷，（五）仇英《江南春图》卷，（六）陆治《瑶岛采香图》轴等六件而已，因此间明清的画，至为缺少也……

对于郑振铎这样"强行征集"，上海文管会觉得没有面子，有的委员甚至表示不满。这一消息传到北京，郑振铎又致信徐森玉说："委员诸公大可不必'小家气象'

也，庞氏的画，上海方面究竟挑选多少，我们无甚成见。"因为这时正在酝酿成立上海图书馆和上海博物馆，所以郑振铎又在信中说："像上海，图书馆和博物馆的成立是必要的，且是全国性的。故必须大力帮助其发展也，将来拨发的东西会陆续不绝。"郑振铎的意思是现在让北京收购，将来还是会拨给上海的。郑振铎和徐森玉虽然知交甚深，但郑振铎站在国家文物局的立场上，态度强硬，徐森玉不得不让步三分。

故而，北京方面也征集到了"虚斋"的部分藏品，其数量和质量相当可观，其中著名的有：赵孟頫《秀石疏林图》、曹知白《疏松幽岫》、柯九思《清秘阁墨竹图》轴、姚绶《秋江渔隐》、李士达《三驼图》、董其昌《赠稼轩山水图》轴、陈洪绶《梅石蛱蝶图》卷、杨文骢《仙人村坞》、王时敏《为吴世睿绘山水》册、髡残《层岩叠壑图》、龚贤《清凉还翠图》、吴历《拟吴镇夏山雨霁图》、文点《为于藩作山水图》轴、石涛《山水花卉》册等名迹。

据庞秉礼回忆，1956 年庞家还曾将庞莱臣遗留在苏州的一些扇面古画和明清人尺牍整套出售给上海文管会，总计作价五万余元。

除了上海和北京外，南京博物院和苏州博物馆征集到了苏州的庞氏后人的部分藏品。据说，当时上海和苏州方面都要买贺明彤、庞增和手中的字画，并已开始征集工作，到底卖不卖？卖给谁？这让庞家的祖孙两很为难。而此时，江苏方面也迅速行动，从 1956 年开始征集庞家的收藏。江苏方面最初通过贺明彤（庞莱臣遗孀）女士的表弟、时任江苏省文化局副局长的郑山尊（薄来）先生的关系与庞家接触，在得到正面的回应后，南京博物院曾昭橘院长、姚迁副院长、徐沄秋先生与庞莱臣之孙庞增和开始具体接洽捐献事宜。在双方长达六年的友好磋商下，庞增和最终分别在 1959 年和 1962 年分两次将家中所藏古代书画陆续献出，共计一百三十七件（十六种，共二百五十七幅）。其中最著名的有宋代赵佶《鸲鹆图》、夏圭《灞桥风雪图》，元代黄公望《富春大岭图》、倪云林《枯木竹石图》、吴镇《松泉图》，明代沈周《东庄图》册、仇英《捣衣图》、文徵明《万壑争流图》、周官《携琴访友图》、周天球《兰花》、董其昌《升山图》《仿郭恕先山水》。

另外还有陆治《天池晚眺图》，项元汴《梵林图》，卞文瑜《仿古山水》册，李流芳《水墨山水》册，文嘉前后《赤壁赋图》，杜大绶《幽兰图》，王时敏《仿大痴设色山水》卷，朱耷《山水通景》屏，恽寿平《花卉》册、《仿古山水》册、《残荷芦草图》，吴历《静深秋晓图》，王鉴《溪色棹声》《仿古山水》轴，王翚《仿李营丘古木奇峰图》，王原祁《仿古山水》册，高凤翰《设色菊花图》，罗聘《古木霜筠图》，蒋廷锡《桃花雀图》，钱维城《花卉》扇面，费丹旭《停琴待月》合册，陆恢《山水花卉》屏风轴，戴熙《云山图》等等，都是美术史上具有影响和一定地位画家的作品。这次捐献的数量之多、质量之高，引起了全国博物馆界瞩目。

据庞增和的女儿庞叔龄女士回忆："记得当年省文化局局长郑薄来来家作动员工作，讲的话很简单，1949年前夕，国民党拿走了南博的国宝，尤其是书画大部分都被带去中国台湾了，现在院内已无好的藏品，我们很尊重庞莱臣先生的为人，现在国家有困难，你们庞家是否能鼎力相助。曾祖母和父亲听后感到以国家利益为重，庞家应义无返顾地走在前面，就这样没几天就决定了，根本没有向国家提出任何条件，没有拿一分钱奖励。"

对于庞氏家族捐献之举，江苏省政府和相关单位为庞增和先生颁发了奖状，《新华日报》也刊文予以表彰，充分肯定了庞增和先生的这一爱国行为。2003年，在南京博物院建院七十周年之际，该院特意举办了庞增和捐献古代绘画特展，精心挑选出庞增和捐赠的五十余件精品作品展出，并邀请庞家的后人参加，受到了广泛好评。

此外，庞增和还在1953年、1959年向苏州博物馆捐赠书画文物三十九种，其中书画三十四种。庞叔龄和母亲至今还保存着当年捐赠的收据凭证。（20世纪60年代"文革"开始后，上海和苏州的庞氏后人手中还有一批书画在抄家过程中被"革"去，至今不知去向。）

据《中国文物精华大辞典·书画卷》著录统计，内收庞莱臣旧藏的达四十余件（多为五代至清代名画精品），这批书画大多保存在上海博物馆、故宫博物院、南京博物院和苏州博物馆。流入上海博物馆的有董源《夏山图》等十九件（具体画名大部分前文已录，不再赘述）。这一部分藏品多是从庞莱臣后人征集、捐献而来，也有流入其他

收藏家之手而入藏博物馆的，如庞莱臣散归魏廷荣《青卞隐居图》，则是1949年后由魏廷荣捐赠上海博物馆的。流入故宫博物院的有赵孟𫖯《秀石疏林图》等共有十八件。流入苏州博物馆的有王鉴《虞山十景》册等。

而据古代书画鉴定组所编三十卷本《中国绘画全集》，明确收录各大博物馆、美术馆等处庞莱臣的"虚斋"藏品达一百余件，除与前文所列有重复不录外，尚有：南宋李迪《猎犬图》（故宫博物院藏，按：以下皆简称为"故"）、陈清波《湖山春晓》（故）、陈容《云龙图》（中国美术馆藏）、无款（按：以下皆无款）《秋江暝泊》（故）、《天末归帆》（故）、《柳溪钓艇》（故）、《西岩暮色》（故）、《遥岑烟霭》（故）、《青山白云》（故）、《松岗暮色》（故）、《水村烟霭》（故）、《五云楼阁图》（故）、《山腰楼阁》（故）、《莲塘泛艇》（故）、《耕获图》（故）、《柳荫消夏》（故）、《秋堂客话》（故）、《采花图》（故）、《柳塘牧马》（故）、《仙女乘鸾》（故）、《桐荫玩月》（故）、《松荫闲憩》（故）、《红蓼水禽》（故）、《红梅孔雀》（故）、《鹌鹑图》（故）、《溪芦野鸭》（故）、《出水芙蓉》（故）、《水仙图》（故）、《斗雀图》（故）、《群鱼戏藻》（故）、《秋溪放犊》（故）、《荷亭对弈》（故）、吴镇《芦花寒雁》（故）、《墨竹图》（故）、《松石图》（上海博物馆，按：以下皆简称为"上"）、柯九思《双竹图》、赵雍《墨竹图》（故）、张中《吴淞春水》（上）、王蒙《葛稚川移居》（故）、无款《深山塔院》（故）、戴进《仿燕文贵山水》（上）、《关山行旅》（故）、无款《秘殿焚香》（上）、沈周《桂兰图》（上）、《夜游波静》（上）、《倚杖寻幽》（上）、《九月桃花》（上）、《折桂图》（上）、《雪树双鸭》（上）、周臣《长夏山村》（上）、史忠《杂画》册（上）、唐寅《春山伴旅》（上）、仇英《柳下眠琴图》《采菱图》（上）、《风木图》（故）、陈淳《石壁生云》（上）、《山茶水仙》（上）、曾鲸与项圣谟合作《董其昌像》（上）、王鉴《仿北苑山水图》（上）、《青绿山水》（故）、王翚《仿巨然夏山清晓》（上）、《仿古山水图》册（苏州博物馆）、《仿卢鸿草堂》（中国历史博物馆）、《万壑松风》（上）、吴历《湖天春色》（上）、

《夏山雨霁》（故）以及明清大批绘画名家的作品等等。即使如此，也只是我国博物馆、美术馆所藏藏品的部分选录而已，由此可见虚斋藏品的分量。虚斋旧藏的部分藏品，已散见于有关的合集和综合性研究的专著中，至于以虚斋旧藏为专题的有关研究其收藏源流的专著则尚未出现，如果从这方面选题进行专题研究，这对于摸清国内各大收藏机构的收藏状况会提供某些有价值的方法和渠道，在工作方法上会有所启示和借鉴。同时对于我国根据某些国际公约的要求索要散佚海外名迹，也不失为一个最有说服力的原始证据。

综上所述，可知曾经富甲天下的"虚斋"收藏在半个世纪的时代风雨中经历了由盛而衰、从聚到散的过程，目前在国内主要"落户"在四个地方，即故宫博物院、上海博物馆、南京博物院和苏州博物馆；而海外则以欧美的一些博物馆和艺术馆为主。庞氏生前曾云收藏是"云烟过眼"，事实上虚斋藏品不仅是"过眼"，而且已"过海"。由此看来，"散于私者聚于公"这句话说得一点也没错，博物院、博物馆应该是"虚斋"藏品最理想的归宿。

收藏家李荫轩、邱辉夫妇

陆　剑

1979 年 6 月 30 日，刚刚改革开放后不久，谢稚柳、潘达于、钱镜塘等一批国内文博收藏界的知名大咖云集上海博物馆，参加上海市政府隆重举办的捐献仪式，共同见证一批重要文物入藏上海博物馆。

小臣单觯：西周成王器，记载周成王平定武夷叛乱之事。

鲁侯尊：西周康王器，记载鲁侯伐东国之事。

厚趠方鼎：西周早期器，记载厚趠受到濂公馈赠之事。

……

时任上海博物馆馆长马承源感慨地说："这些青铜器价值之高，是不能用经济数字来衡量的。"

除了青铜器之外，一同捐赠的还有十四箱明版书、秦汉铜镜、元代铜权、历代印玺、金表、金币、外国古董……总计两千一百七十八件珍贵文物和三万零一十枚钱币。数量之多、分量之重、价值之高，在国内并不多见，可以说是改革开放以来上海博物馆接受的最重要的捐献之一。

捐赠者是一位年近古稀的老太太。

在捐献仪式上，老太太表示：她的丈夫一生喜欢收藏文物，生前就希望把自己珍藏的文物捐献给博物馆。现在她按照丈夫生前的愿望，同时也是她个人的心愿，将这些文物捐献给上海博物馆。

老太太说得朴实无华却斩钉截铁，令人肃然起敬。这对于在"文革"当中遭遇"扫地出门、抄家、隔离审查"一系列不公正待遇的"老运动员"而言，显得格外意义深长。

这位老太太到底是谁？

【前尘往事】邱国盛（邱氏后人，八十七岁，时为 2017 年）："这批文物的捐赠者叫邱辉，是我们南浔邱家的女中豪杰，我们叫她明姑姑，是九公公邱莘农的女儿。现在上海博物馆一楼青铜器展厅中的青铜器，就有她的捐赠。东西都是她丈夫李荫轩收藏的，李家是合肥的望族，就是赫赫有名的李鸿章家族，但这些收藏并非祖传，而是李荫轩自己省吃俭用一件一件收集来的。明姑姑活了一百多岁，前几年才刚刚去世……"

提起李荫轩，许多人都知道他是著名的青铜器收藏家，也是晚清重臣李鸿章的侄孙，但对于他的夫人邱辉我们却知之甚少。以前的豪门望族结亲讲究门当户对，能与李家联姻必定不是等闲人家。其实，邱辉是名副其实的大家闺秀，娘家邱氏家族是清末民初的丝绸巨商——浙江湖州南浔"八牛"之一的邱启昌家族，民国时期上海南京路上著名的新世界游艺场原来就是邱家产业。

为了一睹邱辉（1912—2012年）捐赠的李荫轩旧藏，笔者曾两次专程前往上海博物馆闻名遐迩的青铜器展厅。在为数众多的青铜器藏品中，有相当一部分来自国人的捐赠，其中杞伯壶、纪侯簋、厚趠方鼎、鲁侯尊、小臣单觯等珍品的标签上都标注有"李荫轩先生邱辉女士捐赠"字样。

李荫轩先生是晚清重臣李鸿章的侄孙，其祖父李凤章是"李中堂"——李鸿章的五弟，也是兄弟中最富有的一个，民间有"鹤章最勇、凤章最富"的说法。然而，如此显赫的家庭背景，并没有影响李荫轩一贯低调的作风。他一生淡泊名利，不事张扬，所以关于他的名字和事迹，外界很少人知道。唯一一篇比较系统介绍其生平事迹的文章出自于其子李青之手。

李荫轩（1911—1972年）

李荫轩1911年生于上海，自幼喜好文物古玩，常年勤于考古学、掌故学、鉴别学，通于中外历史，使得他的收藏有很高的文化底蕴。李先生一生不求名利显达，将毕生的精力献给了考古、收藏、保护文物。他热爱一切古物。纵然是那些残铜废石亦从不舍弃，他把"抱残守缺"当作自己的座右铭。

李荫轩为了收藏常常是节衣缩食，近乎废寝忘食。他从十几岁便开始收藏中国历代钱币，从收得邓秋枚藏币开始，所收集历代各种类型的钱币十分齐备，其中尤以南宋的"大宋通宝当拾""临安府行用二百文、叁百文、五百文"以及元代"至正权钞伍分"等为稀有珍贵钱币。此外，李先生还收藏欧洲、美洲等国外古币、徽章。其中包括古希腊、罗马币等藏品共达三万余枚。在钱币收藏中，李先生别号称"选青"。

李荫轩约从1930年开始收藏中国古代青铜器，一生的收藏品共达二百余件。这些藏品的文字考据和鉴别都是十分精到，几乎没有可疑之品。他曾在破残古屋的墙隅边得到吴方彝盖，别人都以为是赝品，经李先生考证是因火烧所致。李先生一生所藏

的珍贵名器有小臣单觯、鲁侯尊、厚趠方鼎等数十件。在青铜器收藏家中，李先生的别号称"鄙斋"。

此外，李荫轩对其他各类文物也有收藏。能归类有一定数量的有秦汉铜镜、古钱范、秦汉砖瓦、历代印玺、元代的铜权、明清符牌以及古版书籍等。在这些文物中有汉印"居巢侯相""乐昌侯印"，堪称鸦片战争重要文物的清代银币"广东水师提督"，明代建文款的"吏部稽勋司郎中朝参牙片"，明正德款的"养鹰营铜牌"以及清乾隆"太上皇帝御赐养老银牌"等，均为珍品。

李荫轩收藏的这些文物几十年来一直保存完好，尤其是在抗日战争期间，为了免遭日本侵略者的掳毁，他花了很大的精力，终使这些文物没有散落。"文革"期间为了这些珍贵文物不遭毁坏，李荫轩将全部重要收藏交给了上海博物馆保存，使这些文物得以保存至今。然而，他多年积累的手稿，以及如清宫印等一些零星的重要文物均已散失，这是令人惋惜的。

李荫轩是国内重要的文物古玩的收藏家和鉴赏家之一。

20世纪三四十年代，李荫轩频频出现在上海古玩市场上，他斯斯文文，一身书卷气，丝毫没有给人财大气粗的感觉，看到欢喜的东西，总是态度温和地和老板讨价还价，看到好的，则不惜重金购得。潘祖荫攀古楼的珍贵藏品，有一些就是李荫轩买去的。他手中有重复的东西，有时也会放入古董市场。无论是购进或卖出，给人的感觉总是静悄悄的，在市肆不作多留，看准就买，买了就走。古董店的老板有了好的东西，想上门为他通风报信却很困难，他常常是不留姓名，不留地址，是一位神秘的收藏家。

【前尘往事】邱辉（邱莘农之女，李荫轩之妻，已去世，时为2001年，下同）：我们家住在乌鲁木齐南路，和谢稚柳先生是对门邻居，站在谢先生的阳台上可以看到我们家的花园。一家三口，再加上

一个保姆，生活是很平静的。老先生（李荫轩）欢喜古董，尤其欢喜青铜器，购买回来后，总要在家忙上一阵，把青铜器放在桌子上，又是刷，又是抹，处理完毕，再将铭文上的字临摹下来，翻书查对，寻找依据，断定年代和记载的事件。五六十平方米的房里，摆满了他心爱的宝物，青铜器、古钱、古籍书，那里是他的天地。后来儿子大了，也和他爸爸一样，父子俩一起查书，一起讨论，常常要弄到深更半夜。我只站在旁边看着，与其说看青铜器，不如说我是看他们父子俩的高兴劲。

中华人民共和国成立后，文博事业百废待兴，李荫轩的收藏引起了上海博物馆的注意，从1955年到1961年，上海博物馆花了六年的时间来寻找这位神秘的李先生。后来上海博物馆的领导专程上门拜访他，希望能征集到他的藏品。经过双方的友好协商，上海陆续征集到了三件青铜器。这三件青铜器中，一件有一大篇铭文，系未见著录的新器，铭文内容记载西周厉王率领军队东征淮夷的事，是极具历史价值的文物。

1966年的夏季，"文化大革命"开始了。和所有收藏家的命运一样，李荫轩也遭遇了被抄家的劫难。当年曾采访过邱辉的老作家、老记者郑重先生曾记录了老太太在20世纪90年代接受采访时的回忆：

【前尘往事】邱辉：抄家那些日子，每天都心惊肉跳，不知什么时候会有人冲来抄家。一天，一群红卫兵果然冲了进来，他们不懂，一见这么多稀奇古怪的古董，连声嚷着是"四旧"，又摔又砸。那些戴着红卫兵袖章的孩子，把我家老先生多年收集来的西洋瓷器，从阳台上扔下去，那摔碎的声音使老先生心痛得发抖。还有好多古钱，红卫兵一掰就碎，他们也觉得好玩，竞相比赛，许多青铜器也都推倒，乱扔乱放，满屋子都是。他们闹了一阵，没有找到什么反动的东西，就把我和老先生分开关在两个房间里，趁没人看守时，我们从各自的房里跑了出来，四目相对，面面相视。这时老先生突然

对我说，打电话给博物馆，让博物馆的人来保护这些文物。他说着走了出去，穿过草坪，向装有电话的房间走去。我一步也不敢离开，看着他的背影，担心到了极点，不知他这一去，要是被红卫兵发现了，会带来怎样的后果。过了一会儿，老先生回来了，悄悄地对我说："打好了！"这时我心中的一块石头也落地了，焦虑的心情也缓解了许多。不久，博物馆的人就来了，尚业煌、李鸿业也来了，虽是认识的，这时也不敢说话。这时，房管所也来了许多人，老先生所在的单位属于房管系统。其实，我也不知道老先生收藏有多少东西，我们看也不想看，管也不想管了，就躲在自己的房间里。这次抄得非常彻底，从头一天下午一直抄到第二天中午，用两辆大卡车才拉完。

李荫轩的收藏主要是青铜器，其中有铭文记载的周成王时代平灭商纣王之子武庚叛乱的小臣单觯；记载周康王命明公领军伐东夷的战争的鲁侯尊等，都是流传有绪的名件，也是博物馆想要得到的。除了青铜器，还有古钱、金表、图章、金币及外国古董。那金币都是外国纪念币，都是一些国家国王的纪念节日或纪念大典的纪念币，不是杂乱无绪，而是按年编号成为系列。博物馆都逐一登记造册，给李荫轩留了一份，给他所在的单位留了一份，博物馆留了一份，而且说明是代为保管。当时认为不属于文物的纪念金币被房管所拿去了。后来又被认定为文物，又要回存放在博物馆。当他们离开的时候，李荫轩只是说："东西放在博物馆最放心。"

没过多久，红卫兵便把李荫轩夫妇赶出了自住的洋楼，住进了对面低矮的汽车间，将洋楼变成了红卫兵司令部。小楼后来又被工人造反派第二次抄了家。不过，这次再没有"四旧"可供砸烂，只有上次"漏网"的皮大衣之类，被他们席卷一空。

"文革"期间，李荫轩一度回到徐汇区房地局接受"监督劳动"。以后，他又开始收藏香烟牌子，他早已无力收藏国之重器，那些青铜器已然成了他梦中的思念之物。因此他开始喝酒，一喝就是一大杯葡萄酒。1972年，李荫

轩因脑溢血与世长辞。

就这样，李荫轩的藏品在上海博物馆整整保存了十多年。直到十一届三中全会之后，国家拨乱反正，落实政策，这批文物又发还到李荫轩夫人邱辉手中。当时李荫轩已过世，所以才有了本文开头的那次捐赠。

【前尘往事】邱辉：粉碎"四人帮"之后，我在加拿大定居的儿子要我移民到那里去，和他们生活在一起。我们就这一个儿子。但我几次申请出国护照都没有批准。党的三中全会之后，落实政策，我拿到了去加拿大的护照。正在这时，落实文物政策，博物馆代为保管的东西要发还。我家老先生于1972年去世了。如何处理这件事，没人好商量。正当我进退两难的时候，尚业煌（博物馆的工作人员，李荫轩先生的朋友，笔者注）来了，我就和他商量。他总是希望这批东西能卖的就卖，能捐的就捐，放在家也没有什么用处。那时我已经无家可归了。"文化大革命"时，我们被扫地出门，寄住一位亲戚家里，地方很小，即使这批东西发还给我，又往哪里放？想想尚业煌的话也有道理。

有一批东西，如十三斤纪念金币是卖给博物馆的。这时，尚业煌在这批金币上和我讨价还价，他这样做，是代表国家和博物馆的利益，我很理解，谈到最后，每斤以略高于银行的价钱进行收购，尚业煌表示无法再让步了。这样，我就只好对尚业煌说："老尚，我一向看得起你，这些纪念金币既然是历史文物，你怎么把它当作散金来计算，你是收旧货的，收旧货也不能这样计算。"尚业煌不正面回答我，只是和我打哈哈。看到尚业煌为难，我也就不计较，心想万贯家财都散尽了，不要再去计较纪念金币价格的高低了。

到了加拿大后，儿子、媳妇待我很好，但谈起我把那样多的东西捐献了，儿子不理解，儿子说："妈，父亲遗留下那样大的家产，你怎么不和我说一声就捐献了呢？"博物馆给了我奖状，儿子不理解，几次问我："为什么不给他留几件作为纪念呢？"

我很理解儿子的心情，他自己就是搞青铜器的，有些器物不知抚摸过多少次，是有感情的，他要求留几件作为纪念，也是合情合理的。这时，我才感到自己的疏忽，当时为什么没有想到给儿子留一份呢？想到这里，就感到我对得起国家，对得起博物馆，对得起自己，就是对不起儿子和媳妇，自己心里很不愉快，加上语言不通，没有熟悉的朋友，生活也不习惯，虽然办了移民，已在加拿大住了六年，但我还是回来了。

就这样，20世纪80年代中期邱辉重新回到上海。当时遇到第一件困难的事情是没地方住，不能老是住在亲戚家里，所以老太太又找尚业煌，要他向博物馆反映，想办法解决房子问题。

此时，尚业煌已经从博物馆退休在家，博物馆哪里有房子给邱辉住？馆里的领导还是把这件事情交给尚业煌。老实说，大家都明确感到给邱辉解决住房问题是无望的，要尚业煌去办，只不过是聊尽人意罢了。不过，尚业煌却非常认真地去办这件事。他跑到上海市侨务办公室，谈邱辉对博物馆的贡献。侨办的同志很热情，不久就带领尚业煌去看房子。一看，房子条件太差，离市区较远，一位老年人无法住。为了能使侨办把这件事完满地解决，尚业煌又奉上海博物馆馆长马承源之命去找张承宗，张承宗是政协主席，曾经担任上海市文管会主任。张承宗热心地给侨办的领导打了电话，请他们一定帮助解决好这件事，同时又叮嘱尚业煌："这件事要盯着侨办，你辛苦一下，多跑几次。"于是，尚业煌就三天两头往侨办跑。侨办的同志很负责，市里领导作了批示，要房管局落实这件事。

尚业煌拿到市里领导的批示，又去跑房管局，向房管局的同志叙说邱辉对博物馆的贡献。房管局的经办人说："她对你们博物馆有这样的贡献，应该博物馆给她解决房子。"那时的上海，还没有商品房，还是统一分配，找一套住房虽然说不上比登天还难，确实是最难办的事情。尚业煌就每天去房管局软磨硬泡。功夫不负有心人，后来居然真的在市中心，离博物馆不远的地方，为邱辉找到了房子。老太太的晚年终于有了居所……

2011年9月18日，上海博物馆在馆内举办了邱辉女士百岁寿宴，以此纪念大收藏家李荫轩与夫人邱辉对国家的重大捐献，表达对邱辉当年慷慨之举的感谢和崇敬，领导和馆内专家以及邱辉的亲友等四十余人出席了寿宴。为国家做了好事，国家是不会忘记的。

2012年年初，邱辉老人在上海去世，距离她出生的1912年，正好一个世纪，整整一百岁。

如今，李荫轩和邱辉捐赠的青铜器，依然默默地躺在上海博物馆里。它们虽然不会说话，却已静静地存在了数千年，李荫轩和邱辉的名字必将和这些青铜器一起永载史册、熠熠生辉。

后记

说起这本书，可以说是"蓄谋已久"。早在二十多年前我就知道，上海博物馆藏有南浔的宝贝，不少还是镇馆之宝，所以每次去上海博物馆都会在这些藏品前驻足再三，细细品味字里行间的温度，用心寻访先贤留下的痕迹。

上海是近代浔商发展的大舞台、主战场，许多南浔籍人士也是通过十里洋场走上中国历史舞台，走向世界。可以说，早在上海开埠之初，沪、浔两地就结下了不解之缘。

作为典型的儒商，近代以来，以"四象八牛"为代表的南浔人在上海创业、守业、工作、生活的过程中，通过兴办教育、投身艺术、收藏文物、致力慈善等各种形式，将经商积累下来的巨额物质财富回馈社会，通过时间的"加工器"，转化成了不可估量的精神文化财富，而其中很重要的一部分就成了文物收藏。把赚来的财富，重新回归到博物馆、图书馆等公藏单位，这两座金山银山间的无形转化，好似魔术师的隐形之手，堪称传奇。

为贯彻落实区委、区政府"接轨上海"一号工程，南浔区委宣传部、南浔区融媒体中心、南浔文化研究会特别策划了这本《上博"浔"宝录》，试图通过一个小切口，以文化的视角，全面反映沪、浔两地人文渊源，再续两地文化之缘。

在此，要感谢上海博物馆暨褚晓波馆长、汤世芬书记和诸位馆长、专家，为我们提供了馆藏文物的高清图片和专文，为此书的顺利出版奠定了基础。由于上海博物馆收藏的涉浔文物数量庞大，而此书又篇幅有限，因此我们只能选取部分具有代表性的文物，以此献给广大读者，并献礼南浔区建区二十周年！

人文，一条跨越时空的纽带！

未来，请沿着沪苏湖高铁，面向大海，一路向东！

陆　剑

2023 年 11 月

记于南浔"可读庐"

图书在版编目(CIP)数据

上博"浔"宝录/中共湖州市南浔区委宣传部，湖州
市南浔区融媒体中心编.—上海：上海书画出版社，
2024.4
　ISBN 978-7-5479-3342-8
　Ⅰ.①上… Ⅱ.①中… ②湖… Ⅲ.①上海博物馆—历史
文物—湖州—画册 Ⅳ.①G269.275.1-64②K872.554-64
中国国家版本馆CIP数据核字（2024）第064285号

上博"浔"宝录

中共湖州市南浔区委宣传部
　　　　　　　　　　　　　　　编
湖州市南浔区融媒体中心

责任编辑	王　彬　吕　尘
审　　读	陈家红
技术编辑	包赛明

出版发行	上 海 世 纪 出 版 集 团 上海书画出版社
地址	上海市闵行区号景路159弄A座4楼
邮政编码	201101
网址	www.shshuhua.com
E-mail	shuhua@shshuhua.com
制版	上海久段文化发展有限公司
印刷	上海中华商务联合印刷有限公司
经销	各地新华书店
开本	965×635　1/8
印张	23
版次	2024年4月第1版　2024年4月第1次印刷
书号	ISBN 978-7-5479-3342-8
定价	198.00元

若有印刷、装订质量问题，请与承印厂联系